AF403524

ESSAI

D'UNE

HISTOIRE

DES RÉVOLUTIONS

ARRIVÉES

DANS LES SCIENCES

ET

LES BEAUX-ARTS,

DEPUIS

LES TEMPS HÉROÏQUES JUSQU'A NOS JOURS.

PAR P. G. DE ROUJOUX, Sous-Préfet de Dôle.

On le peut, je l'essaie ; un plus savant le fasse.
LA FONTAINE, *liv.* II, *fab.* I.

TOME TROISIÈME.

A PARIS,

DE L'IMPRIMERIE D'ADRIEN ÉGRON.

M. DCCC. XI.

DES
RÉVOLUTIONS
DES SCIENCES
ET
DES BEAUX-ARTS,

DEPUIS

LES SIÈCLES HÉROÏQUES JUSQU'A NOS JOURS.

QUINZIÈME PÉRIODE.

Suite du dix—septième siècle.

La morale de l'Évangile fut développée
dans la chaire apostolique avec toute l'autorité de l'éloquence la plus vigoureuse et
la plus touchante. Le sermon, cette insti-
tution du christianisme par laquelle on en-
seigne aux fidèles les vérités de cette reli-

17ᵉ. siècle.

ART ORAT.

III.   1

gion et ses vertus surnaturelles combinées avec les maximes de la morale, devint
une source de beautés oratoires à laquelle
rien ne fut étranger. Elle avait eu toujours
à sa disposition, pour produire de brillants
effets, la Divinité avec toute sa grandeur,
les hommes avec toute leur bassesse, la
faiblesse et la force, la mort et la vie, le
néant et l'éternité ; mais, sous la plume de
Bourdaloue et de Massillon, qui firent dé-
couler les vérités d'observation des vérités
révélées, en expliquant la loi qui les enchaîne ; qui montrèrent la morale, non
comme une invention des hommes pour
le maintien de la société, mais comme la
fille de la religion, ce fut un art nouveau
qui éveilla de nouvelles idées, et produisit
des sensations extraordinaires.

L'éloquence chrétienne n'eut pas des succès moins éclatants dans l'oraison funèbre,
que Bossuet porta au plus haut degré de
perfection. Ce genre de littérature est pour
nous, ce qu'autrefois étaient les panégyriques prononcés par les orateurs grecs et
romains, en l'honneur des rois, des villes
et des hommes célèbres. Mais ces panégyriques n'avaient pour objet que la louange ;

c'était seulement un récit pompeux des vertus rares et des belles actions de ces grands
personnages, que l'on montrait dirigeant
par leur génie les événements, le sort des
peuples et les plus chers intérêts de l'humanité. La religion chrétienne, au contraire, en accommodant ses formes sévères
et augustes à ce dernier acte de la vanité
des hommes, permet à ses orateurs de citer les vertus dont ils vont faire l'énumération au pied du trône de Dieu, et là, de
les envisager sans fard, de les juger sans
fausse indulgence, avec toute l'austérité
qu'inspire la majesté divine et le néant
des grandeurs humaines aux portes du
tombeau. Ainsi considérée, l'oraison funèbre, remplie de mouvements sublimes
et touchants, de grandes et sages leçons,
fait pressentir avec art les censures de la
postérité en distribuant la louange, de-
vance l'avenir, et apprend à plaindre plutôt qu'à envier les idoles qu'elle va consacrer.

Lingendes, évêque de Mâcon, donna
la première idée de cette force et de cette
onction qui doivent caractériser les apô-
tres de l'Evangile; mais bientôt Bourdaloue

s'emparant de la chaire, mit dans ses raisonnements une suite, une profondeur,
une logique admirables, et par des traits
vigoureux et nourris, donnant des conseils
sans dicter des préceptes, ne sacrifiant jamais l'énergie des arguments à la grâce du
style, il enseigna une morale que l'on peut
toujours suivre malgré son austérité. Sa
diction est noble et naturelle, sans enflure
ni déclamation. Il eût occupé une place remarquable parmi les saints Pères dont il
fait d'ailleurs un grand usage, s'il eût vécu
dans les premiers siècles de l'Eglise.

Bossuet porta dans la langue française
un caractère qui sembla l'élever au-dessus
d'elle-même, et brilla par une hardiesse de
pensées, d'expressions et de tournures qui
n'appartenait qu'à lui. Il ne cherche pas à
vous convaincre par des raisonnements
réguliers; il se saisit d'abord de toutes vos
facultés, il vous étonne, il vous captive,
il vous entraîne rapidement, sans effort,
par des moyens qui paraissent tout simples,
mais qui sont l'inspiration, le secret du
génie, et qu'il est aussi difficile d'atteindre
qu'il paraît facile de s'en servir. Partout
des réflexions lumineuses, de vastes ta-

bleaux, des expressions foudroyantes et
inattendues, des formes variées, le sentiment le plus profond des grandes choses,
peu ou point de transitions; mais c'est encore en lui une source de beautés; le trait
part, éblouit, et frappe sans avoir été pré-
vu; tout est leçon, image, pensée : les idées
les plus étendues sont exprimées en peu
de mots par des contrastes sublimes, et il
peint les caractères avec autant de chaleur
et de vie qu'il met de finesse et de sagacité
à en démêler les nuances.

Ses morceaux les plus célèbres sont les
Oraisons funèbres de Madame, du grand
Condé, de la reine d'Angleterre et de la
princesse palatine; celles de Le-Tellier et
de Marie-Thérèse leur sont inférieures.
Bossuet ne réussit pas autant dans le sermon; mais, en général, ce qu'il a écrit l'est
avec noblesse et simplicité.

Les mœurs de ce grand orateur étaient
aussi austères que sa morale. On a cru voir
de la jalousie dans l'activité qu'il mit à faire
condamner Fénélon; mais il était incapable
de ce vil sentiment, et il ne sacrifiait toutes les considérations du monde qu'au
maintien de la pureté d'une religion dont

il croyait que l'on blessait les principes.

Prélat selon l'évangile, modèle de douceur et de charité, rempli d'indulgence pour les fautes humaines, l'évêque de Nismes, Fléchier, qui fut pleuré des Protestants comme des Catholiques, mit trop d'étude à la symétrie des mots, à la construction des phrases et aux formes du langage. Pensant avec moins d'énergie que Bossuet, et songeant plus à l'éclat et au tour de la pensée qu'à sa profondeur, il fut peut-être plus correct que l'aigle de Meaux, mais moins éloquent. Rhéteur habile, il ne connut pas bien les limites nécessaires de son art, et il abusa des ressources que lui offrait son talent. Trop d'esprit, trop d'antithèses, un goût qui n'est pas toujours sûr, annoncent déjà, dans ses écrits, la décadence de l'art oratoire. Il pèche par l'affectation, et ne peut être regardé que comme un écrivain du second ordre. Ses chefs-d'œuvres sont les Oraisons funèbres de Turenne et de Montausier : elles réunissent à une grande harmonie du style un caractère sombre et majestueux. Fléchier publia encore une *Histoire du grand Théodose*, médiocrement estimée.

Le père de l'Oratoire Mascaron avait commencé à écrire avant Bossuet et Fléchier. Il annonçait avec beaucoup de liberté les vérités évangéliques; mais son style, inégal, surchargé d'antithèses et de faux brillants, où l'expression propre est rarement saisie, était défiguré encore par des rapprochements forcés, d'insupportables hyperboles, des développements bizarres et sans goût. Il se forma cependant quand il eut entendu les chefs-d'œuvres de Bossuet, et il devint véritablement éloquent dans son Oraison funèbre de Turenne. On croirait que l'exemple des grands hommes du siècle de Louis XIV était suffisant pour inspirer de beaux ouvrages à des esprits médiocres.

Massillon, qui n'était pas de ce nombre, se distingua par une simplicité noble, une diction facile, un goût exquis. Son style enchanteur, dont les négligences mêmes amènent de nouvelles beautés, fut comparé à celui de Racine, qu'il égalait en effet, autant que de belle prose peut égaler de beaux vers, par la clarté, l'extrême élégance et l'harmonie. Il n'existe pas de langage plus doux, plus entraînant que celui de son *Petit Carême*, où il traita des vertus et des vices dans les hommes chargés des soins du gouvernement. C'est le ton d'un sentiment pur et naturel qui agite l'âme sans la déchirer, qui la remplit de douces émotions, qui attache à chaque circonstance une image ou un mouvement d'affection. La morale et la vertu, qu'il fait aimer non par la force de la dialectique, mais par les charmes de la sensibilité, ne devraient jamais s'exprimer autrement. La nature elle-même parle avec Massillon, et Voltaire n'a pas dédaigné de mettre en vers plusieurs passages de ses écrits. On lui doit encore des *Discours*, des *Oraisons funèbres*, des paraphrases de quelques psaumes; mais rien n'approche de son *Petit Carême*. C'est un chef-d'œuvre d'onction pastorale, d'énergie, de délicatesse, de véritable éloquence.

Celle du barreau, qui aurait pu rappeler les productions accomplies des Romains, ne se débarrassa pas de la rouille du pédantisme et du mauvais goût dont elle était infectée. En vain Le Maître et Patru essayèrent de l'avancer vers la perfection : ils n'eurent pas assez de talent pour en écar-

ter les inutilités et les applications dépla-
cées. Ce n'était pas dans leurs causes mêmes
que les orateurs du Palais allaient chercher
des mouvements et des expressions, mais
dans l'histoire grecque, romaine, hébraïque, dans les Pères de l'Eglise, et l'on faisait comparaître Démosthènes, Cicéron,
Saint Augustin, ou Saint Ambroise, à pro-
pos des chétifs intérêts de citoyens obscurs.
Pélisson fut le premier et le seul, peut-être,
qui, dans ses mémoires en faveur de Fouquet, se rapprocha du style noble des anciens et de la simplicité de conception de
leurs plaidoyers. La reconnaissance et l'a-
mitié l'inspirèrent, lui apprirent l'art d'é-
mouvoir en persuadant, lui enseignèrent
à réunir tout ce qui peut intéresser pour un
accusé, soit en palliant ses fautes, soit en
démontrant l'injustice qui l'accable ; à faire
marcher ensemble l'exposition des preuves
et leur enchaînement, les mouvements pathétiques et les grandes pensées.

Pélisson écrivit une *Histoire de l'Aca-*
démie Française, inexacte et négligée, et
ses *Mémoires Historiques* sont loin de valoir ses *Factums.* L'histoire, en général,
dans ce siècle, ne se composa que de louan-

ges ou de satires outrées. Peu, d'entre les historiens de cette époque, réunirent les qualités éminentes et nécessaires que l'on estime dans les anciens, qui peignaient l'homme et les siècles par des traits généraux et caractéristiques, sans s'égarer dans l'immensité des détails, et qui satisfaisaient à la fois la raison, l'imagination et l'oreille; mais les historiens modernes étaient peu philosophes, n'avaient pas l'esprit d'observation et ne se connaissaient guère en affaires d'état. Les partisans de Louis XIV, et ses ennemis, oublièrent trop qu'on n'écrit l'histoire que pour l'avenir. Les uns ne virent dans les maux publics que des motifs de gloire et d'orgueil; les autres ne voulurent reconnaître dans les succès et la splendeur de ce règne que les malheurs qui suivent l'oppression, et, dans les principes les plus sages, que les vexations arbitraires de l'autorité. L'adulation et la bassesse, la haine et l'esprit de vengeance se chargèrent donc de faire les portraits des hommes de ce siècle, et l'on peut inférer de là combien ils étaient peu ressemblants. C'est à ce ton dominant que l'on doit le grand nombre de mémoires qui parurent, et qui caractérisent la forme de l'art historique à cette époque. Ce n'est pas l'histoire, mais ce sont des éléments pour elle, qu'il faut comparer avec soin si l'on veut en tirer un sage parti. On cite, parmi les meilleurs, ceux de Sully, remis en ordre par l'abbé de l'Écluse, ceux de Villeroy, de Jeannin, de Torcy, de Turenne, de La Rochefoucault, de Bassompierre, de Bussy, de l'avocat-général Talon, où, dans un amas indigeste de matériaux, on rencontre de grandes vérités et d'excellents principes de justice générale; ceux de Mme. de Motteville et de Mlle. de Montpensier, où l'on apprend à juger l'esprit des cours et à l'apprécier; ceux du cardinal de Retz, qui écrit tout ce qu'il a fait avec une étonnante franchise, qui se peint lui-même avec beaucoup de talent, un style plein de hardiesse et de feu, de l'esprit, de l'imagination, des saillies; mémoires aussi extraordinaires enfin que l'homme qui les a composés.

Cependant Bossuet, dans son *Discours sur l'Histoire universelle*, s'éleva à la hauteur des anciens et fit reconnaître partout son admirable éloquence, en décrivant rapidement les traits les plus frappants de l'histoire des empires, développant les causes de leur élévation et de leur chute, de leur prospérité et de leur décadence, avec le même talent qui rassurait, dans la chaire, les petits et les opprimés ; et qui faisait trembler les rois et les grands en leur donnant des louanges.

Mais il fut le seul à conquérir cette gloire entiere que lui asservit la supériorité de son génie. L'abbé de Vertot, l'abbé de Saint-Réal ne méritèrent que des palmes détachées. Le premier mit beaucoup d'intérêt dans ses narrations, et son élocution a de la grâce ; ses *Révolutions Romaines*, celles de Portugal, celles de Suède, sont écrites avec élégance et pureté ; mais, en général, il ne travailla pas sur des mémoires assez fidèles, et son *Histoire de Malte* ne passa que pour un roman. La *Conjuration de Venise*, de l'abbé de Saint-Réal, est un morceau historique où l'on retrouve l'énergie et la précision de Salluste. Cet auteur, sans s'écarter du ton naturel qui convient à l'histoire, lui a donné une forme dramatique et pleine de noblesse ; ses autres ouvrages sont fort loin de ressembler à ce petit chef-d'œuvre.

Les Petau, les Mabillon, les le Cointe,
travaillèrent à éclaircir la chronologie. Mé-
zeray écrivit l'*Histoire de France* d'une
manière très-incorrecte, mais qui ne manque pas de précision. Il s'exprimait avec
beaucoup de liberté, et fut privé de sa place
d'historiographe, pour avoir fait des réflexions indiscrètes sur l'établissement des
gabelles. Son *Abrégé Chronologique* est
plus exact, et le *Traité de l'Origine des
Français* fait honneur à son érudition.
Le père Daniel jugea des temps anciens
par les temps modernes. Il raconta séche-
ment les faits sans s'occuper de leurs causes,
se trompant presque toujours sur les opérations militaires, et paraissant n'avoir écrit
que pour faire le panégyrique des Jésuites.
Le père d'Orléans, avec un style plus pur,
n'eut le talent de saisir, ni l'esprit des révolutions d'Angleterre, ni celui des révolutions d'Espagne. L'*Histoire ecclésiastique*, de Fleury, quoique l'ouvrage le plus
complet que l'on ait sur cette matière,
n'est qu'une compilation fort médiocre,
écrite d'une manière languissante et monotone, remplie d'erreurs de faits et de
dates; mais les discours préliminaires ren-

ferment des réflexions sensées sur les maux et les abus du sacerdoce, ainsi que sur les moyens d'y porter remède. Beausobre se fit une réputation par son *Histoire du Manichéisme;* le père Maimbourg, par celle des Croisades; Rapin Thoyras, par une *Histoire d'Angleterre,* qui fut d'autant plus estimée, dans ce royaume, que l'auteur faisait, sur le caractère général de la nation française et sur son gouvernement, des réflexions extrêmement amères. Plusieurs corporations religieuses se rendirent utiles par des travaux immenses qui ne pouvaient être exécutés que dans le silence des cloîtres.

Le dix-septième siècle est l'époque la plus brillante de la poésie française; mais le goût n'était pas encore formé dans ces premières années, et l'esprit d'imitation en retarda les progrès. L'alliance de nos rois avec les princesses de l'Italie et celles de l'Espagne, le peu de discernement de Richelieu en poésie, l'influence de Mazarin sur les amusements de la cour, furent les causes de l'amour général pour les pointes et les fadeurs emphatiques qui déshonora long-temps la littérature et dont Corneille même ne sut pas se défendre à son début.

L'hôtel de Rambouillet, qui donna le ton à la France, se rendit célèbre par un jargon mêlé de pédantisme, d'affectation et d'obscurité ; on y exagérait les idées et les sentiments ; et comme il était difficile de les maintenir toujours à la même hauteur, il en résultait un mélange monstrueux et ridicule d'enflure et de platitude burlesque. Chapelain, Ménage, Voiture, le grand Condé, Richelieu, Montausier, faisaient partie de cette société, dont l'autorité ne céda qu'aux sages plaisanteries de Molière.

La langue française se perfectionna par les travaux des solitaires du Port-Royal, qui, dégagés de l'esprit du monde et nourris des sages préceptes de la littérature ancienne, essayèrent de ramener le goût à des principes raisonnés, par des livres classiques écrits avec discernement et correction. Ils eurent la gloire de former Pascal et Racine, qui fixèrent la langue à jamais. Voiture contribua aussi à l'épurer, par des lettres où il mit beaucoup d'esprit, mais une affectation insupportable ; la société de l'hôtel de Rambouillet lui créa néanmoins une telle réputation que le sévère Boileau, lui-même, se crut obligé

17ᵉ. siècle.

d'en faire l'éloge dans ses Satires. Il ne reste plus de ces lettres, tant admirées, qu'un petit nombre de passages où l'on trouve de l'enjouement et de la finesse.

Il en est des commencements de la littérature comme des essais des jeunes gens livrés encore aux premières études : ils ne sont pas effrayés des obstacles qu'ils ne connaissent pas, et ils entreprennent ordinairement les ouvrages les plus difficiles. Chapelain, Le Moyne, Scudéry, St.-Amand, Brébeuf, donnèrent au public de longs et misérables poëmes, surchargés de pédantisme, sans couleur, sans imagination, sans chaleur, aussi ennuyeux, aussi mauvais pour le fond que par la forme. Il y avait pourtant quelques morceaux de verve dans le *Saint-Louis* du père Le Moyne et dans la *Pharsale* de Brébeuf; plusieurs vers même, de ce dernier, se sont sauvés de l'oubli. Chapelain n'a conservé de célébrité que par la dureté de ses vers.

Les disciples de Malherbe, Racan et Maynard, montrèrent cependant que ses leçons n'avaient pas été infructueuses. Racan mit dans ses Bergeries du naturel, de la grâce, de la mollesse ; il a des vers dont l'élégance est encore frappante, que l'on sait par cœur et qui justifient l'éloge que Boileau a fait de ce poète. Il exprime les petits détails avec beaucoup de facilité. Maynard a laissé quelques vers agréables, un sonnet à Richelieu, une épitaphe, des stances spirituelles, mais froides. Gombaud, Malleville, Sarrazin, se distinguèrent par de mauvais sonnets, des rondeaux et des épigrammes.

Jodelle et Garnier, qui occupaient presque seuls la scène tragique, furent remplacés par Mayret, dont la *Sophonisbe*, écrite plus correctement que les pièces de ses devanciers, eut un succès inouï. Le plan en est régulier, mais les personnages s'expriment avec une naïveté si triviale, qu'elle tient souvent de la farce, et le style ne s'élève que pour devenir un jargon presqu'inintelligible. On trouve cependant des vers passables dans les derniers actes. Tristan donna sa tragédie de *Marianne*, qu'on ne peut guère considérer que comme une déclamation dialoguée, mais qui attache et intéresse. Duryer mit au théâtre beaucoup de pièces, dont aucune n'est restée; il y a quelque grandeur dans le style et les situa-

III.　　　　　　　　2

tions de *Scevole*, pièce d'ailleurs remplie d'invraisemblances et d'une froideur insupportable. En général, la diction de ces productions misérables est défectueuse et rebutante au-delà de tout ce qu'on peut imaginer.

Ainsi l'art tragique se traînait encore sans forme et sans énergie. Il fallait trouver un poète qui donnât aux vers dramatiques une noblesse soutenue ; à l'expression des sentiments une grandeur qui leur conservât leur vérité, une élégance qui ne pût exclure le naturel ; aux personnages une attitude toujours élevée, sans être gigantesque, et des discours, des pensées en harmonie avec leur caractère connu et leurs actions. Cet homme fut Corneille. Quelques morceaux de sa tragédie de *Médée*, par où il débuta, atteignirent le sublime et annoncèrent ce qu'on devait espérer de son génie. Bientôt *le Cid*, cette première époque de la gloire du théâtre, vint effrayer ses rivaux, montrer enfin des vers tragiques et de nobles sentiments noblement exprimés, tracer les limites de la carrière théâtrale, plaire aux hommes de goût, et déchaîner contre Corneille l'envie et l'impuissance.

Les Horaces, qu'il fit jouer peu de temps après, entraînèrent tous les suffrages. Le combat de la sensibilité paternelle et de l'amour de la patrie dans l'admirable caractère du vieil Horace, le contraste des sentiments du jeune Horace et de Curiace, un mélange sublime de douleur, de grandeur d'âme, de désespoir, d'espérance et de crainte, des scènes imposantes, énergiques, touchantes, des beautés de style du premier ordre, firent oublier le défaut d'unité, la double action produite par l'assassinat de Camille, le rôle insignifiant de Valère, et quelques scènes de déclamation entre les femmes.

On regarde la tragédie de *Cinna*, ou *la Clémence d'Auguste*, comme le chef-d'œuvre de Corneille, et, en effet, il n'est rien de plus théâtral, de plus éloquent, de plus profondément pensé que la plupart des scènes de cet excellent ouvrage, dont le dénouement est parfait. On a blâmé la variabilité du caractère de Cinna, dont les contradictions, les irrésolutions ne sont pas assez motivées, et détruisent une partie de l'intérêt que l'on peut prendre à lui ; ce rôle manque d'unité. L'amour subit et

peu tragique de Maxime est encore un
moyen défectueux; mais le contraste de
la fierté d'Emilie avec la faiblesse de son
amant, la bonté d'Auguste et les vers sublimes qui lui échappent, la simplicité majestueuse du cinquième acte, produisent les
plus douces émotions, et ne trouvent que
des admirateurs.

La tragédie de *Polyeucte* est, de toutes
les pièces de Corneille, celle où l'intrigue
est la mieux conduite et où le poète a mis
le plus d'art et d'invention; le caractère de
Pauline, demandant la vie de son époux à
son rival, celui de Polyeucte, dont l'enthousiasme religieux amène des beautés
d'un ordre supérieur, celui de Sévère, digne de la confiance que lui a témoignée
Pauline, sont des conceptions sublimes que
le naturel et la vigueur avec lesquels ils sont
traités rendent encore plus brillantes. Le
rôle de Félix seul est répréhensible, en ce
qu'il est d'une bassesse trop révoltante et
indigne de la scène tragique.

Le cinquième acte de *Rodogune*, conçu
et exécuté d'une manière large et fière, est
composé de situations qui font frémir. Le
rôle noble et pathétique de Cornélie, dans

la Mort de Pompée, inspire le plus vif sentiment de douleur. L'intrigue d'*Héraclius* est pénible, mais la situation de Phocas, entre deux princes qui refusent le trône et dont aucun ne veut être son fils, remplit les deux derniers actes d'un grand intérêt. *Sertorius*, *Nicomède*, offrent encore des traces du beau génie de Corneille, mais ce génie n'alla plus qu'en déclinant, et à peine en retrouve-t-on quelques lueurs dans le reste de ses pièces.

Voltaire a écrit qu'il faut juger Corneille, non par ses défauts, mais par ses beautés, qui sont à lui, tandis que ses fautes sont celles du siècle où il vivait. Ce grand poète, en s'occupant de l'art théâtral, mesura, d'un coup d'œil, toute son étendue; il n'avait pas de modèle, il en fut donc le créateur; et Racine, en parcourant cette carrière brillante mais dangereuse, a pu profiter des erreurs où il tomba.

En mettant sur la scène l'héroïsme dans tout son éclat, et la vertu dans toute sa beauté, Corneille, qui ne fut pas exempt d'enflure et d'inconvenance, laissa donc plusieurs parties de l'art à perfectionner; et cette gloire était réservée à Racine, qui sut réunir la pureté d'un style enchanteur aux plus grands effets tragiques, et qui peignit les passions, non comme elles pourraient être en spéculation, mais comme elles existent dans le cœur humain.

Ses deux premières pièces furent extrêmement faibles; mais en créant son *Andromaque*, il fit un pas immense dans l'analyse et l'expression des passions. Il porta l'attendrissement des spectateurs à l'extrême, et l'on répandit des larmes que l'on s'étonna de ne pas devoir à la seule admiration, mais à l'émotion produite par la révélation de tous les secrets du cœur. Cette pièce, qui ferait seule de Racine un tragique du premier ordre, est conduite avec une science profonde: elle était même au-dessus du goût du siècle, et ses beautés sublimes ne furent que médiocrément appréciées. La nature y est peinte avec vigueur et vérité. La simplicité noble d'Andromaque, sa tendresse si vive et si pathétique, le profond sentiment de ses malheurs, le style vraiment magique de Racine, portent dans l'âme une émotion puissante. Tout est naturel, sensé, plein de vie et de chaleur, animé encore par ces mots de passion qui valent seuls de beaux morceaux. Le caractère d'Hermione est dû tout entier à son génie, et avant lui on n'avait rien vu de semblable chez aucune nation.

L'envie suscitait déjà des ennemis à Racine, et *Britannicus*, qui parut après *Andromaque*, ne fut pas accueilli avec autant de faveur. Mais la postérité lui a rendu justice, et si le dernier acte de cette pièce est en effet défectueux, en ce que le dénouement, qui met Junie au rang des vestales, n'est pas assez tragique, les quatre premiers sont admirables. Et quelle énergie dans le rôle d'Agrippine! quelle effrayante vérité dans la conception du caractère de Néron, dans l'opposition des nobles vertus de Burrhus et de la froide scélératesse de Narcisse! Quel style mâle et sans tache! On dirait que Tacite a dicté le majeure partie de ce bel ouvrage.

Le vaste et flexible talent de Racine peignit, dans *Bajazet*, les mœurs du sérail comme il avait décrit celles de Rome et de l'Epire, et il représenta Roxelane avec des couleurs qui n'avaient pas encore été employées. L'art et l'invention y sont portés aussi loin que possible, et le caractère d'Acomat est un des plus savamment créés. On lui reprocha d'avoir laissé des sentiments trop français à Bajazet et Atalide.

Il essaya, dans *Mithridate*, de produire un caractère aussi énergique, aussi élevé que ceux de Corneille, et il donna aux défauts mêmes de ce prince, à sa cruauté, à sa dissimulation, une profondeur, une fierté, une grandeur qui font de ce rôle un des modèles les plus achevés de la scène tragique. Le rôle d'amour de Monime, si modeste, si plein de douceur, de retenue, de noblesse de sentiment allié à une grande fermeté d'âme, est inimitable et aussi parfait, dans son genre, que celui de *Mithridate*.

L'exposition d'*Iphigénie* est la plus heureuse que l'on connaisse au théâtre; la contexture de cette pièce, où tout est en situation et en sentiment, est aussi la plus régulière de toutes celles qui existent. Homère, Euripide, n'avaient pas mieux représenté le fougueux, l'inexorable, le terrible Achille, l'orgueilleux Agamemnon, la superbe Clytemnestre; et le rôle d'Iphigénie, renfermant un mélange d'héroïsme et de sensibilité dont le modèle ne se trouve

nulle part, est la perfection du caractère
dramatique. Le style enchanteur de Racine, sa pureté, son élégance d'expressions,
ces mots si simples et si sublimes, qu'il a
l'air de ne devoir qu'à l'inspiration de la
nature, ne le cèdent qu'à la manière savante dont tout est lié, s'enchaîne, se
noue et se dénoue sans effort.

Tous les rôles de la tragédie de *Phèdre*
sont subordonnés à celui de la fille de Mi-
nos, et il réunit à lui seul toutes les beautés
poétiques. Rien n'est au-dessus de ce rôle.
C'est la peinture la plus vraie des transports de l'amour, de la douleur la plus profonde, des sentiments les plus délicats, de
toutes les nuances de la passion la plus
vive, avec les plus brillantes images, les
plus beaux vers qui soient sortis du cerveau des poètes. Malheur à qui peut les
lire sans enthousiasme et qui ne plaint pas
Phèdre coupable plus qu'Hippolyte inno-
cent!

L'âme sensible de Racine fut accablée
par d'injustes critiques, et il se dégoûta du
théâtre. Douze ans s'étaient écoulés lorsqu'il fit *Esther* à la sollicitation de Mme. de
Maintenon, et son talent sembla s'être en-

core accru par son silence. On retrouva dans *Esther* toute l'onction, la sagesse, la grandeur des pensées de la sainte Ecriture, avec cette harmonie, ce charme, ce coloris enchanteur, cette éloquence touchante qui n'appartiennent qu'à Racine. Peu après il écrivit *Athalie*, le dernier de ses chefs-d'œuvres, le chef-d'œuvre de la scène française, son plus bel ouvrage suivant Boileau, qui luttait seul alors contre l'opinion générale; création du génie qui ne fut point appréciée par ses contemporains, parce que les hommes sont moins frappés des beautés simples et majestueuses que d'une recherche pénible et d'un éclat factice. Racine a surmonté, dans cette pièce, les plus effrayantes difficultés de l'art avec un tel talent qu'il semble que tout y est d'inspiration, et il s'est élevé au-dessus de lui-même, s'il est possible, par l'étendue de la conception, la vérité des caractères, la grandeur des tableaux, la sublimité du style et la hardiesse des ressorts qu'il a employés. La postérité lui a rendu une tardive, mais éclatante justice.

On a mis souvent en parallèle Corneille et Racine, pour établir entre eux une pré-

éminence dont il n'importe guère de connaître le degré. Ils avaient tous les deux
une très-grande force de conception ; Corneille excite une admiration qui ne va pas
toujours jusqu'à l'attendrissement, il élève
et agrandit l'âme par l'héroïque sublimité
de ses pensées; mais on peut discuter ses
béautés, et Racine, en s'emparant de toutes
les facultés du cœur, excite des transports
qui ôtent la possibilité de raisonner les
moyens qu'il emploie. Corneille doit moins
à l'arrangement des mots qu'à la force de
son jugement et de sa pénétration ; Racine
a parfaitement connu la science du mot
propre et personne n'a saisi comme lui l'art
d'enchaîner les idées, d'employer la mé-
taphore avec justesse, de varier les rhythmes, de manier la langue avec grâce, d'ar-
rondir la période et de cacher le travail. S'il
profita des fautes de Corneille et des grands
traits de son génie, il ne l'imita pas et s'ou-
vrit une route de gloire qui ne pouvait con-
venir à la trempe d'esprit de son rival. Le
goût des romans, qui nous venait des Es-
pagnols, établissait, au théâtre, la nécessité
de peindre toujours le sentiment de l'a-
mour, et les femmes, qui ont une si grande

17ᵉ. siècle.

influence sur nos mœurs, firent la fortune de cette passion. L'éloquence pathétique de Racine, l'harmonie soutenue et la douceur de son style, les affections tendres de son cœur, le rendirent propre à la décrire et il le fit dans toute la perfection de l'art; ce qui ne l'empêcha pas d'exprimer, avec autant de grandeur que Corneille, les sentiments des guerriers et des rois, et de dévoiler énergiquement les secrets de la politique. On a comparé ces génies à deux athlètes de stature et de formes différentes; il fallait les comparer à des dieux : l'un est l'Hercule et l'autre l'Apollon Pythien.

Rotrou, Thomas Corneille, Duché, Campistron, La Fosse, eurent quelques succès après ces hommes illustres. Thomas Corneille dut une partie des siens à la réputation de son frère. Une versification faible, incorrecte, et sans couleur poétique, peu de mouvements dans les caractères et les passions de ses héros, des dissertations longues et monotones gâtent la plupart de ses ouvrages, parmi lesquels on distingue *Ariane* et *le Comte d'Essex*. Cette dernière pièce offre de l'intérêt. *Ariane* s'est conservée au théâtre par des beautés de senti-

ment ; elle renferme des morceaux extrêmement touchants et dignes, peut-être, de
la plume de Racine, suivant l'opinion de
Voltaire et de La Harpe (1).

Rotrou avait commencé à écrire avant
Corneille ; mais cependant sa tragédie de
Venceslas, qui fait actuellement toute sa
réputation, est postérieure aux chefs-
d'œuvres du père de la scène française.
Les caractères principaux en sont bien
tracés et dramatiques ; le dialogue a du
naturel et souvent de la chaleur, quoique
le style en soit inégal, surchargé d'incorrections et de jeux de mots. Beaucoup d'invraisemblances, des pensées fausses et in-
convenantes, rendent d'ailleurs cette pièce
très-défectueuse.

Campistron et Duché imitèrent la manière de Racine, et Duché fut même assez
heureux dans sa tragédie d'*Absalon*, qui
renferme des situations théâtrales et bien
amenées, dont les premiers rôles sont sagement dessinés, et où l'on remarque des
morceaux qui réunissent le mérite du style

______

(1) Cours de Littérat., tom. 5, pag. 330.

à celui de la pensée. Les plans de Campistron sont réguliers, mais faiblement conçus; sa diction assez pure, mais sans force;
il n'a su ni tracer un caractère, ni approfondir un sentiment, ni établir une situation énergique. Ce n'est plus là de la tragédie.

Manlius plaça La Fosse au-dessus de ces
auteurs. L'intrigue en est conduite avec
art, les caractères en sont naturels et vrais,
et plusieurs scènes inspirent la terreur au
plus haut degré; mais quoiqu'il y ait dans
cette pièce de beaux vers et des morceaux
énergiques, le style manque en général
d'élégance et de poésie, et l'auteur n'a pas
connu la pureté d'expression et l'harmonie
qui font le charme de Racine. On ne cite
plus les tragédies de Quinault ni de Fontenelle, encore moins celles de Pradon, de
Leclerc, de Boyer, de Préchantré, etc.

Si Melpomène dut à Corneille son premier éclat sur la scène française, ce fut
aussi sous ses auspices que Thalie parut
avec grâce et bienséance, et sa comédie
du *Menteur* est la première pièce raison-
nablement écrite. Le goût de la pastorale
galante, du froid bel esprit, des bouffon-

neries, des caricatures burlesques, des farces grossières, nous était venu de l'Italie, et l'Espagne nous avait donné celui des imbroglios, fondés sur des travestissements, des méprises, des intrigues où le bon sens était sans cesse outragé, ainsi que la décence, et dont les dénouements paraissaient ridicules autant que la disposition des événements. Mayret fit jouer avec un succès prodigieux une *Sylvie* où régnait ce goût dépravé, qui domina longtemps sur le théâtre. Desmarets, Boisrobert, son frère d'Ouville, s'emparèrent de toutes les parades des tréteaux espagnols et italiens, et les naturalisèrent en France.

Mais bientôt Molière vint faire connaître la véritable comédie, et décrire le cœur de l'homme avec une effrayante profondeur. Il joignait, à l'art de saisir les caractères et de les peindre des couleurs de la vérité, celui de les mettre en scène de la manière la plus originale, et toujours avec tant de naturel, que l'on imaginerait difficilement des situations plus exactes et mieux amenées.

Ce grand peintre de l'homme n'évita pas dans l'*Etourdi*, le *Dépit amoureux*, les pièces qui lui furent commandées par la

17ᵉ. siècle.

Cour, l'invraisemblance des intrigues et la multiplicité des incidents, qui faisaient alors la base de toutes les comédies ; mais le style en était incomparablement meilleur, et le dialogue d'une vérité dont on n'avait pas encore d'idée au théâtre. Ses *Précieuses ridicules* corrigèrent la cour et la ville de la manie du galimatias et du jargon emphatique des romans. Tout le monde sait que Chapelain dit à Ménage, en sortant d'une première représentation de cette pièce : Monsieur, nous admirions, vous et moi, les sottises qui viennent d'être si finement et si justement critiquées. *Les Fâcheux* offrirent une suite de portraits satiriques aussi gaiement dessinés que purement écrits. *L'Ecole des Maris*, *l'Ecole des Femmes*, sans être des pièces extrêmement régulières, cachèrent une morale profonde sous les dehors de la plaisanterie ; et donnèrent à penser, en excitant ce rire qui n'est produit que par le bon comique et la vérité. Le caractère d'Agnès surtout est inimitable par sa naïveté charmante unie à une grande force de raison, et par l'admirable effet qui résulte de toutes les situations où il est placé.

Le Misantrope fut froidement accueilli.
C'était encore une de ces créations trop
au-dessus des conceptions vulgaires pour
être pleinement goûtées à la première vue,
et l'on se méprit sur le talent immense que
Molière déploya dans cette pièce. Il se hâta
de faire jouer *le Médecin malgré lui*, et
le Misantrope fut repris à la suite de cette
farce originale. L'enthousiasme de la postérité a confirmé le succès qu'obtint alors
ce chef-d'œuvre de raison, qui montre
aux hommes qu'aux bonnes choses même
on peut trop faire, comme l'a dit Montaigne, et qu'il y a des écueils à éviter jus-
que dans l'exercice de la sagesse.

Les Femmes Savantes, où il développa toutes les ressources de son génie,
l'Avare, où il multiplia les traits comiques,
faisaient croire que son talent était parvenu
à la plus grande hauteur qu'il pouvait atteindre, lorsqu'il donna *Tartufe*, la plus
étonnante pièce du théâtre français, et
même de tous les théâtres : car l'antiquité
n'a rien produit d'aussi élevé, d'aussi frap-
pant, d'aussi vigoureusement conçu; et,
parmi les nations modernes, il n'existe aucun auteur comique qui ait approché de

Molière. Cette pièce sublime, dont la conduite, toujours motivée, toujours intéressante, étonne à chaque pas, et par la difficulté du sujet, et par l'habileté qui prévoit,
amène et dessine toutes les situations, at-
taque le vice le plus odieux avec une énergie que Molière lui-même n'avait pas encore employée. Excellent ouvrage, que
tous les peuples admireront tant qu'il exis-
tera des hypocrites, c'est-à-dire, tant que
les passions humaines conserveront leur
empire.

Le génie ne saurait s'oublier entièrement, et celui de Molière se retrouve toujours, même dans ses farces, où le véritable comique perce au travers des bouffonneries. Il a peint l'homme et les mœurs
du siècle mieux encore que ses ridicules;
son théâtre est un tableau fidèle de la vie,
et la réflexion la plus profonde peut naître
de chacune de ses plaisanteries. S'il a fait
des emprunts aux anciens, il les a toujours
embellis, soit par l'originalité des détails,
soit par l'ordonnance et la régularité de
l'ensemble, ou les aperçus nouveaux qu'il
a su faire ressortir. Comme il observait!
quel sage! quel philosophe! quel moraliste!

Osera-t-on remarquer, après cela, qu'il a
commis beaucoup de fautes de langage ?
On le doit, sans doute, pour l'instruction
de la jeunesse ; mais il faut qu'elle apprenne
aussi qu'on serait injuste de s'appesantir
sur un léger défaut couvert par tant de
beautés réelles et inimitables.

Pendant que Molière était encore en
possession du théâtre, un auteur qui, suivant l'expression de Boileau, n'était pas
médiocrement plaisant, Regnard, après
de longs voyages et une dure captivité
chez les Algériens, débuta dans la carrière
littéraire par des satires et des épîtres qui
renferment quelques vers heureux et beaucoup de négligences. S'il se fût borné à ce
genre de poésie, il n'occuperait qu'un rang
bien inférieur sur le Parnasse ; mais il se
plaça bientôt immédiatement après Molière par ses excellentes comédies qui, bien
que moins fortes de pensée, de conduite,
d'éloquence et de cette profondeur d'observation que ce grand maître a seul pos-
sédées, sont néanmoins du meilleur comique et d'une intarissable gaîté. *Le Joueur*
est l'ouvrage où il a déployé le plus de talent et mis un plus grand nombre de ces

mots qui décèlent la nature et que le cœur laisse échapper. *Le Légataire* est rempli de situations extrêmement plaisantes, qui cependant ne choquent pas la vraisemblance. Il a surpassé Plaute dans sa comédie des *Ménechmes*, qui excite un rire irrésistible. *Le Distrait* n'est pas une bonne comédie; mais on y trouve des traits fort piquants. Il fit encore beaucoup de pièces dans le genre italien, seul, et en société avec Dufresny.

Quinault essaya de suivre les traces de Molière, et remplit sa comédie de *la Mère Coquette* de plaisanteries de bon ton et d'ingénieux détails. Brueys et Palaprat ont laissé au théâtre *le Grondeur* et *l'Avocat Patelin*, comédies dans lesquelles il y a des caractères bien dessinés. Campistron montra quelque talent dans son *Jaloux désabusé*. Boursault retrouva, en plusieurs scènes de son *Mercure Galant* et de son *Esope à la Cour*, la plume de Molière et sa force comique. Dufresny, qui avait beaucoup d'originalité dans l'esprit, ne sut donner que le sien aux personnages qu'il mit en scène, et s'éloigna du naturel, qui est l'âme de la co-

médie. Il a néanmoins des morceaux excellents. Son dialogue est vif, et quoique
ses intrigues soient toujours pénibles, plusieurs de ses pièces sont restées au théâtre.
Dancourt, d'Hauteroche eurent des succès
par des pièces de circonstances, dont on
revoit quelques-unes avec plaisir.

Quinault, dont nous venons de citer la
comédie de *la Mère Coquette*, obtint dans
l'opéra une réputation qui, loin de s'affaiblir, s'est accrue de nos jours.

Mazarin avait fait connaître l'opéra à la
France. Ce genre de drame, qui réunit la
poésie, la musique, la danse et le plus pompeux spectacle, qui charme à la fois tous
les sens, ne reçut pas d'abord un brillant
accueil. On n'aimait pas Mazarin, et c'en
était assez, chez les Français, pour nuire
au succès de cette nouveauté. Peu d'années après, l'abbé Perrin, un mauvais musicien, et un marquis de Sourdéac, s'as-
socièrent, et obtinrent un privilége sous
le titre d'*Académie royale de Musique*.
Quinault et Lulli leur succédèrent, et l'on
peut dire qu'ils créèrent réellement l'opéra.
On appela tragédies lyriques les pièces
qu'ils firent représenter, et ces pièces, où

la poésie est entièrement subordonnée à la musique, s'entourèrent de tous les prestiges de la danse et des décorations, afin de produire un spectacle flatteur, où les sens reçurent plus d'impréssions que l'esprit et la raison. Au reste, Lulli croyait faire la réputation de Quinault, et cependant la renommée du poète a survécu à celle du musicien.

Quinault n'est pas un auteur dramatique du premier ordre; il a été trop déchiré et trop loué, et, s'il ne méritait pas les critiques outrées de Boileau, on a exagéré aussi les louanges qu'on lui a prodiguées depuis cette époque. La foule des mauvais ouvrages que l'on a joués à l'Opéra, prouve qu'il lui avait fallu un talent bien réel pour se faire supporter au moment où paraissaient encore les chefs-d'œuvres de Racine. Il a en effet une grande facilité d'expression; mais cette facilité n'est souvent que de la faiblesse; ses négligences sont nombreuses, et il manque presque toujours d'énergie. Ce qui le distingue, c'est qu'il a mis beaucoup de sentiment dans ses vers, le cœur y parle sans affectation, et quelquefois avec une passion véritable. *Roland*,

Amadis, *Armide*, *Proserpine*, *Isis*, *Alceste*, *Atys*, sont des pièces bien coupées, qui ont une marche théâtrale, de l'intérêt, des morceaux mélodieux, éminemment lyriques, des strophes, des couplets remplis d'amour et de naïveté. *Armide* a des scènes parfaitement traitées, des situations intéressantes et des sentiments ingénieusement exprimés. C'est le chef-d'œuvre de ce genre. Après Quinault, plusieurs auteurs écrivirent des opéras; mais leurs ouvrages sont tombés dans l'oubli.

Tandis que Molière amusait les hommes de leurs ridicules, et leur enseignait à réfléchir sur leurs travers, l'inimitable La Fontaine développait aussi le cœur humain, et atteignait le sublime sans peut-être s'en douter. Cet auteur, qui donne à penser en excitant le rire, en touchant le cœur, en intéressant tous les sentiments, marchait sur les traces d'Esope et de Phèdre, et cependant il créait le genre dans lequel il excellait, par l'originalité de son style dont il a gardé le secret, ce style, que l'on admire sans qu'il soit nécessaire de l'analyser, que l'on aime avec toutes ses beautés impossibles à détailler, que l'on aime avec ses défauts qui

sont encore de nouvelles beautés. Sublime
sans cesser d'être simple, et familier, il
étonne par une profondeur de pensée unie
à une naïveté, une grâce, un abandon qui paraissent exclure cette étendue de réflexion.
Tant de raison à la fois et d'ingénuité, une
morale si juste et des traits d'enfant, un
talent d'observation si exact et si délicat,
avec si peu de prétention, lui donnent un
charme inexprimable. Sa poésie d'ailleurs
est extrêmement brillante; il a de la précision quand elle est nécessaire; il emploie
des figures neuves et frappantes; il trouve
sans cesse des locutions heureuses et des
richesses inconnues dans la langue; il va-
rie les rhythmes avec une grande facilité.
Il est impossible de porter plus loin l'art de
conter sur tous les tons. Tous ses vers
sont devenus des proverbes. Il n'est pas
un mot que l'on voulût en ôter, pas une
pensée que l'on crût nécessaire d'y ajouter.
Que d'éloquence, de douceur, d'amour, de
mélancolie, d'effusion de cœur! C'est la
perfection elle-même.

La plupart de ses *Fables* sont donc des
chefs-d'œuvres. Ses *Contes* nous ont rendu
Bocace et l'Arioste; plusieurs d'entre eux,

remplis de finesse, et de sentiment, sont des modèles de narration. Son petit roman de *Psyché*, en prose et en vers, abonde en détails gracieux.

La Fontaine, qui eut le courage de défendre le malheureux Fouquet et de le rappeler à Louis XIV, fut surnommé le *Bonhomme*. Sa bonté, sa douceur, son ingénuité, son insouciance, ses distractions, furent connues de tout le monde ; tout le monde aima et admira le bonhomme. Ah ! sans doute, il méritait d'être aimé, celui qui a dit des choses si vraies et si touchantes sur l'amitié !

Avant que Despréaux eut, dans son *Art poétique*, donné les règles du goût et de la poésie, Corneille et Molière, il est vrai, s'étaient illustrés sur la scène, et avaient employé toutes les ressources de l'art ; mais en enseignant à reconnaître les beautés de leurs ouvrages, et à marquer leurs défauts, il eut une grande influence sur les progrès de la littérature. Lui-même se vantait d'avoir appris à Racine à faire difficilement des vers faciles ; et si nous lui devons une partie de l'étonnante correction de ce grand poète, c'est sans doute un de ses plus beaux titres de gloire. Il eut aussi le courage de lutter contre des auteurs puissants, dispensateurs des grâces du monarque, et dont les opinions en littérature, quoique fausses et mal raisonnées, passaient alors pour des oracles; il mit chacun à son rang, fit justice des mauvais auteurs, vengea souvent le mérite méconnu, et consola Racine des dégoûts que lui causaient l'envie et la méchanceté déchaînées contre le plus extraordinaire et le plus sublime des talents poétiques.

Boileau perfectionna le mécanisme de la versification française; il montra ce qu'il fallait faire et comment il fallait le faire. Il développa l'art de dire des choses sages et sensées en bons vers, de réunir le goût à l'harmonie, et l'élégance à la précision; de supprimer toutes les expressions inutiles et les consonnances vicieuses; de n'employer jamais que le mot propre, et de varier le rhythme ainsi que la forme des périodes. Ce sont des services d'autant plus grands rendus à la littérature, qu'en donnant le précepte il y joignait aussi l'exemple, et que la plupart de ses vers sont devenus des maximes incontestables, des lois dont on ne saurait récuser la puissance. Il n'a pas créé la langue poétique, mais il en a fait connaître toutes les finesses, et il a éclairé son siècle et la postérité. Ses vers sont remplis de pensées, de saillies, de vérités, de la plus saine raison, et brillants de poésie de style. Horace n'avait suivi, dans son *Art poétique,* que les formes familières de l'épître, et Boileau lui est certainement supérieur par la méthode : il a embelli tout ce qu'il a emprunté aux anciens ; mais, au reste, il n'a fait qu'adapter à la poésie française des principes enseignés par Aristote et Horace, recueillis par le bon sens et confirmés par l'expérience. On l'a blâmé sur quelques-uns de ses jugements, sur celui qu'il a porté de l'ouvrage immortel du Tasse, sur l'éloge pompeux qu'il a donné à Voiture, sur l'inconcevable oubli où il a laissé La Fontaine : ce dernier tort, surtout, est impardonnable ; mais cela prouve que quel que soit le goût d'un homme de lettres, il peut s'égarer et différer quelquefois de celui de la postérité.

Plusieurs des satires de Boileau, modèles de ce goût épuré qu'il a été le premier à

17ᵉ. siècle.

connaître, le sont aussi de raillerie ingénieuse et piquante, et de ce naturel qu'inspire la raison. Ses *Epîtres*, aussi belles que celles d'Horace, dispensent la louange avec autant de finesse que de grâce, et le talent d'écrire y est encore plus pur, plus flexible que dans les *Satires*. Le *Lutrin* est un chef-d'œuvre de bonne plaisanterie, de génie descriptif, de feu poétique, où la matière la plus stérile est enrichie d'excellents vers, avec élégance et précision, sans effort et sans bizarrerie. C'est un des ouvrages où la versification française est la plus parfaite.

Depuis Malherbe, la muse lyrique avait compté peu de succès. Racine aurait pu s'élever à la hauteur de Pindare, et les chœurs d'*Esther* et d'*Athalie* avaient prouvé que la langue française n'était pas étrangère à ce ton noble et sublime; cependant ce poète s'était borné aux morceaux qu'il a dispersés dans ses tragédies saintes. Jean-Baptiste Rousseau, qui vécut dans le dix-septième et le dix-huitième siècle, mais qui appartient surtout au premier, se mit au nombre des écrivains classiques par l'élégance, la poésie, la pureté, le nombre et l'harmonie de ses psaumes, de ses odes et de ses cantates. Cette harmonie, dont il posséda le secret à un haut degré, et que l'on retrouve dans tous les rhythmes qu'il employa, est accompagnée de plus de verve et d'inspiration dans ses odes que dans ses psaumes. Celles qu'il adressa au comte du Luc, à Malherbe, au prince Eugène, sa paraphrase du *Cantique d'Ezéchias*, sont des modèles de pompe, d'enthousiasme lyrique, d'énergie d'idées et d'images, de flexibilité dans l'art de nuancer les couleurs poétiques, enfin de beautés du premier ordre. C'est là qu'il faut chercher des leçons pour apprendre à lier au sentiment la richesse de l'expression, et le charme des beaux vers à la grandeur de la pensée. Toutes les autres odes renferment des morceaux superbes et des idées bien exprimées; mais elles sont loin de ces chefs-d'œuvres les plus parfaits dans le genre lyrique, et où l'on n'observe qu'un petit nombre de taches. On conçoit difficilement que le même auteur ait composé d'autres poésies qui ne sont remarquables que par de mauvais vers et une absence totale de goût et de raison ; mais le talent de Rousseau eut deux périodes bien distinctes : ses épîtres sont, en général, au-dessous de celui qu'il avait déployé dans ses odes, et presque tout ce qu'il écrivit après son bannissement est médiocre et mal pensé. Le malheur a souvent le triste avantage de donner plus de vigueur au génie des hommes; mais celui qui pesa sur Rousseau sembla l'accabler, et n'eut d'autre effet que d'aigrir son caractère et d'affaiblir les facultés de son esprit. Ses épigrammes sont tournées avec beaucoup d'art et de concision; ses cantates ont une richesse d'expression et une élégance parfaites.

Une foule d'écrivains spirituels s'occupèrent de poésie légère: Pavillon, La Fare, Charleval, Ferrand, Saint-Aulaire, Benserade, dont les froids sonnets furent magnifiquement récompensés par Louis XIV; Chapelle et Bachaumont, qui composèrent en commun un *Voyage* mêlé de vers et de prose, plein de grâce, de mollesse, de plaisanterie sans malignité, d'un esprit aimable et facile, qui s'échappe sans travail et plaît sans prétention; Chaulieu, disciple de Chapelle, dont l'originalité, l'imagination riante, la négligence même, ont fait la réputation : il unissait, sans affectation, une philosophie douce à un esprit très-délicat,

et plusieurs de ses vers survivront aux
outrages des siècles ; Vergier, qui fit des
contes extrêmement licencieux, et qui ne
racheta cet impardonnable défaut que par
un trop petit nombre de passages élégants ;
Senecey, qui mit de la verve, des détails
poétiques, de la gaîté, dans ses contes du
Serpent mangeur de Caïmack, et de *Camille*, ou l'*Art de filer l'Amour parfait*.

Segrais, en s'essayant dans la poésie bu-
colique, parut avoir retrouvé quelquefois
les doux accords de Théocrite ; il imita Virgile avec assez de grâce et de vérité ; mais
sa versification, faible et languissante, n'est
pas exempte de reproches, et il est loin
d'être regardé comme un poète classique.
Madame Deshoulières publia aussi, dans
ce genre, des vers faciles et assez purs,
mais monotones, peu poétiques, rassem-
blant de vagues moralités et des idées souvent fausses dans un cadre sans intérêt.
Cependant ses vers à ses enfants, à M. Cuze
pour sa fête, quelques morceaux de ses
idylles des *Moutons* et des *Oiseaux*, des
stances morales où l'on admire des pensées
ingénieuses exprimées avec exactitude, où
l'on trouve du sentiment et de la douceur,

mettent cette femme célèbre au rang des poètes les plus aimables.

Un homme qui s'est créé, dans le dix-huitième siècle, une réputation impérissable par sa philosophie, son amabilité, ses ouvrages en prose, ses ingénieuses saillies, la longueur de sa vie et de son existence littéraire, Fontenelle appartient au dix-septième siècle par le désir qu'il eut d'être poète à cette époque. Il voulut se saisir aussi des pipeaux rustiques; mais ses bergers spirituels, froids, recherchés, n'exprimant que des sentiments subtils en vers souvent médiocres, ne purent lui concilier les suffrages des gens de goût. Il les aurait certainement réunis, s'il eût toujours écrit avec la grâce et l'élégance qui caractérisent sa charmante idylle d'*Ismène et Corilas*. Si toutes ses idylles étaient pures comme ce joli morceau, nous n'aurions pas des bergeries aussi naturelles, aussi naïves que celles des anciens, mais nous posséderions un genre à nous, plus rapproché de nos mœurs, de nos idées, et qui nous serait envié par les nations modernes. Fontenelle n'a, dans son recueil poétique, qu'un petit nombre de jolis vers, mais ils sont extrêmement fins et délicats;

son sonnet d'*Apollon et Daphné*, le *Portrait de Clarice*, la fable de *l'Amour et l'Honneur*, seraient avoués par les meilleurs écrivains. La renommée de cet homme d'esprit est principalement fondée sur ses ouvrages en prose, qui font partie de l'histoire du dix-huitième siècle.

Le style épistolaire n'avait pas été formé par les lettres de Voiture et de Balzac, en général aussi fades, aussi insignifiantes qu'emphatiques et maniérées; mais madame de Sévigné en donna le modèle sans avoir voulu faire un livre, et ne se doutant guère que les lettres où elle peignait avec tant de naturel et de charme sa tendresse pour sa fille, deviendraient un ouvrage intéressant, instructif par le nombre des traits historiques qu'il renferme, lu et relu par tous les hommes. Elle a beaucoup de mobilité dans l'imagination, un talent rare pour raconter l'événement du jour, des tournures vives, élégantes, des expressions heureuses, de la sensibilité sans recherche et sans affectation; elle puise de nouvelles grâces dans l'abandon de la familiarité, et son âme paraît s'y développer toute entière.

Nous n'aurions pas parlé de toutes les

17e. siècle.

branches de la littérature, si nous passions les romans sous silence. Ce genre d'ou-vrage, dont le goût nous vint aussi des Es-pagnols, qui l'avaient pris des Arabes, fut reçu avec transport par la cour d'un jeune roi dont la mère était Espagnole. Ce n'était cependant qu'un fatras d'aventures sans vraisemblance et de sentiments alembiqués, d'ennuyeux développements de quelques préceptes d'amour mal observés et plus mal décrits encore, le tout délayé dans des vo-lumes immenses, qu'on ne lirait pas de nos jours avec la meilleure volonté du monde, et qui épuiseraient bientôt la patience la plus ferme. Les Scudéris, les Vaumorière, les Gomberville, les Calprenède, les Des-marets, mirent au jour d'informes produc-tions de ce genre, les plus extravagantes que l'on puisse imaginer, et qui excitèrent cependant l'admiration des beaux esprits, par des actions d'un héroïsme sans me-sure, des coups d'épée superbes et des maximes outrées dont on ne reconnut pas d'abord la fausseté. Scarron, cependant, peignit, dans son *Roman comique*, des ri-dicules assez finement saisis, et des mœurs dont les détails sont vrais et plaisants. Cet

original, célèbre par ses infirmités et sa ré-
signation, son intarissable gaîté et son mariage avec M.ᶫˡᵉ d'Aubigné, depuis M.ᵐᵉ de
Maintenon et femme de Louis XIV, composa aussi des comédies étranges et l'*É-
néide travestie*, où, au milieu des platitudes
les plus révoltantes, on ne peut quelquefois
s'empêcher de sourire. M.ᵐᵉ de la Fayette
voulut montrer qu'on peut intéresser en décrivant des sentiments naturels et des aventures qui ne sortent pas de l'ordre des choses
possibles; elle donna les jolis romans de
Zaïde et de *la Princesse de Clèves*. Hamilton
enseigna, dans ses *Mémoires du chevalier
de Grammont*, l'art de raconter avec finesse
et gaîté les plus simples actions de la société.

La littérature latine fut cultivée, avec
succès, par Santeuil, chanoine de St.-Vic-
tor, qui composa des inscriptions, des épigrammes, et des hymnes. Son imagination
est vive, ses expressions hardies, son style
plein de chaleur; mais il a de l'enflure, il
fait un trop grand usage des antithèses et
les gallicismes sont fréquents dans ses vers.
Le père Rapin mit plus de sagesse dans
son poème *des Jardins*, dont le langage
est élégant, mais froid. Le *Prædium rus-*

ticum, de Vanière, a des morceaux harmonieux et brillants. Le père Commire et Huet, évêque d'Avranches, cueillirent aussi quelques palmes latines.

Si le seizième siècle avait été celui de l'Italie, le dix-septième ne fut plus rien pour elle. Gravina et Crescimbeni, fondateurs de l'Académie des Arcades, tentèrent de s'opposer à la propagation du mauvais goût, qui domina malgré leurs efforts. Crescimbeni écrivit des poésies agréables, une *Histoire de la Poésie italienne*, et celle des hommes célèbres de son académie. Il fit la guerre aux jeux de mots, aux pointes et aux extravagances pompeuses. Gravina publia des tragédies très-faibles et de sages réflexions sur la poésie; il forma le talent de Métastase. Le napolitain Manzo composa des dialogues sur l'amour, et des vers faciles. Guidi, qui s'occupa de poésie lyrique, mit au jour des odes estimées et une pastorale d'*Endymion*. Le savant helléniste Salvini traduisit en vers italiens l'*Iliade*, l'*Odyssée*, la plupart des poètes grecs et latins, et l'*Art Poétique* de Boileau. Le Marini porta à l'extrême l'emploi des pointes et des *concetti*. Le Tassoni se créa une répu-

tation par un poëme héroï-comique sur la
guerre qui s'était élevée entre les habitants
de Bologne et ceux de Modène, pour un seau
enlevé. Quelques morceaux vifs et animés,
des descriptions agréables, rappellent encore dans cet ouvrage, le beau siècle de l'A-
rioste et du Tasse; mais il est beaucoup trop
licencieux; il fourmille de pointes, de plaisanteries détestables, et l'on y trouve peu
d'imagination.. Il y inséra des portraits satiriques de plusieurs personnes de distinction, et ce fut là surtout ce qui lui donna
du succès. Le Tassoni était fort érudit, et
on lui doit une histoire ecclésiastique où
il contredit souvent Baronius. Le jésuite
Strada, partial et peu véridique, flatta les
Espagnols par son *Histoire des Guerres
des Pays-Bas*, écrite avec élégance et chaleur. L'*Histoire littéraire d'Aquilée*, et la
Bibliothèque de l'Eloquence italienne, par
le savant Fontanini, furent reçues des gens
de lettres avec bienveillance. Le bibliothé-
caire du Vatican, Allati, montra peu de
critique dans ses ouvrages grecs et latins,
dont la diction, d'ailleurs, est assez pure.
Le cardinal Bentivoglio donna une *Histoire
des Guerres civiles de Flandre*; son style

est rapide et concis, ses réflexions étendues
et sages, et il montre une connaissance
approfondie des hommes et des affaires.

Le génie littéraire de l'Espagne, plus
corrompu encore que celui de l'Italie,
achevait de se déshonorer par des productions aussi méprisables que ridicules.
Candamo, Salazar, Zamora, Montalban,
Caldéron, pervertissaient le goût et intro-
duisaient, dans la littérature espagnole,
des sentiments exagérés et faux, de l'obscurité, des pensées emphatiques et des
combinaisons extravagantes, absurdes ou
glaciales. Caldéron de la Barca, surtout,
fit aux lettres un tort irréparable, parce
qu'il était doué d'un véritable talent. Le
théâtre de cet écrivain, remarquable par
sa fécondité, est un assemblage de licences
de tous les genres ; il n'observe aucune des
lois de l'art dramatique, ou plutôt il semble ne pas les connaître. Jamais de vraisemblance dans les situations, peu de naturel et d'élévation dans le dialogue, un
comique forcé, des jeux de mots donnés
pour de l'esprit et de la raison, une ignorance absolue de l'histoire, et n'ayant enfin
d'autre règle dans ses poésies, que le déré-

glement de ses pensées. Villamena et Luis de Gongora, portèrent ces défauts encore plus loin, s'il est possible : l'incroyable affectation qui domine dans les ouvrages de ce dernier, l'ambiguité de ses phrases et leur enflure, vont au-delà de tout ce qu'on peut imaginer.

17e. siècle.

Quelques auteurs, cependant, essayaient de s'opposer au torrent du mauvais goût. Francisco de Borja, prince d'Esquillache, élève d'Argensola, composait des odes et des épîtres dignes du siècle précédent. Le comte de Rebolledo publiait une élégante version des psaumes de David et des poésies estimables. Luis Velès de Guévara écrivait *le Diable boiteux*, traduit depuis ou imité par Lesage. Saavedra, aussi bon littérateur que négociateur habile, donnait une *République des Lettres*, ouvrage critique où il sema de bonnes plaisanteries, et un livre intitulé : *l'Idée d'un Prince politique*. Quévédo, l'un des plus féconds écrivains de l'Espagne, se distinguait par son immense érudition et la tournure singulière et piquante de son style. Il avait dé l'élévation dans les sentiments, un jugement pur, un goût assez délicat ; il imita

Anacréon, traduisit Epictète, et composa des discours moraux remplis de sagesse et de profondeur. Il a écrit quelquefois dans le genre de Rabelais. Le duc d'Olivarès, blessé d'un trait de satire qu'on lui attribuait faussement, le retint long-temps dans les prisons de l'Etat.

Antonio de Solis eut au théâtre des succès de la même nature que ceux de Caldéron; mais il fonda principalement sa renommée sur une histoire fort bien écrite de la conquête du Mexique, panégyrique de Fernand-Cortès plutôt qu'un récit impartial. Moreto ne lui fut pas inférieur pour l'élégance du style, et Molière a puisé quelques traits dans ses ouvrages. Christoval de Virues et Christoval de Mesa composèrent des drames médiocres qu'ils nommèrent des tragédies. Guilhen de Castro donna celle du *Cid*, sujet dont Corneille a tiré un si brillant parti. Le nombre des comédies qui parurent dans ce siècle est prodigieux, ce qui prouve que la fécondité ne suppose pas toujours le talent.

Mais si l'Espagne et l'Italie ne soutenaient plus la gloire qu'elles avaient acquise, l'Angleterre ainsi que la France regardaient

cette époque comme un grand siècle littéraire. Shakespeare, Milton, Dryden, Otway, l'illustraient, et se mettaient au rang
des hommes célèbres que l'antiquité citait
avec tant d'honneur.

Shakespeare avait commencé à écrire dès
le seizième siècle. Comblé de bienfaits par
la reine Elisabeth, il put se livrer tout entier à son talent tragique, et il produisit
un grand nombre de pièces parmi lesquelles
on distingue surtout *Jules-César*, *la Mort
de Richard III*, *Ham et*, *Macbeth* et
Othello, dont le rôle a inspiré celui d'Oros-
mane. Ce génie extraordinaire répandit
dans ses ouvrages les beautés et les défauts
avec la hardiesse que donne la supériorité;
et son audace s'accroissant par le succès,
il captiva tellement l'admiration publique,
qu'il fixa pour l'Angleterre le sort de la
tragédie. Excessif dans les passions comme
dans les sentiments, il étonna les Anglais
par des situations fortes et terribles; il les
accoutuma à supporter et même à goûter
des morceaux d'une incroyable grossièreté
auprès de rôles imposants par le ton de la
véritable noblesse et de la grandeur. De la
barbarie à la fois et de l'élégance, des exa-

gérations et du naturel, des absurdités et
des pensées sublimes, le mélange désa-
gréable des vers et de la prose, l'irrégularité des pièces espagnoles, composent son
théâtre de tout ce qu'il y a de moins tolé-
rable et de plus dramatique à la scène.
Quand son génie s'élève, il est égal, supérieur peut-être à notre Corneille ; quand
il s'abaisse, il retombe au niveau des plus
misérables parades des tréteaux de la foire :
c'est de l'or pur enchâssé dans la roche la
plus vile. L'amour-propre national oublie
facilement les défauts, quand les beautés
sont d'un ordre qui peut les effacer, et
l'enthousiasme des Anglais a placé Shakespeare au-dessus de tous les tragiques modernes. Cette aveugle admiration a nui aux
progrès de l'art dramatique chez cette nation, qui n'a su depuis ce temps accorder
qu'une froide estime à la régularité des
plans, aux beautés réelles d'une sage ordonnance, à la vérité des situations et des
sentiments. Ainsi les heureux traits du génie sont quelquefois moins utiles que ses
écarts ne sont dangereux. Shakespeare fut
enseveli à Westminster, près de la sépul-
ture des rois.

Ce grand homme encouragea le talent tragique de Ben-Johnson, qui eut de l'énergie et de l'élévation, mais sans correction et sans goût. Il fut le premier qui introduisit quelque régularité dans la comédie ; il mourut fort jeune, et Shakespeare fit son épitaphe en ces termes : *O rare Ben-Johnson !*

Dryden essaya de ramener le goût des Anglais à l'observation des règles indispensables du théâtre. Plusieurs de ses tragédies furent applaudies et méritaient de l'être : elles renferment de très-grandes beautés, quoiqu'il y ait encore de la puérilité, de la bassesse et beaucoup d'inégalités ; mais son style animé, brillant, facile, les traits ingénieux et hardis dont le dialogue est semé, le mettent au rang des premiers poètes de sa patrie. Sa tragédie d'*Absalon* est la plus estimée ; ses comédies sont médiocres et fort peu décentes ; ses poésies légères sont élégantes et gracieuses, son ode sur le pouvoir de l'harmonie est regardée comme un des chefs-d'œuvres de la versification anglaise. Il a publié un recueil de fables ; mais peut-on parler de fables après celles de La Fontaine ?

La perfection du style fait surtout la réputation de Dryden.

La scène tragique était, en même temps, occupée par Otway, qui outrait les défauts de Shakespeare, sans atteindre à sa sublimité. Des morceaux touchants et pathétiques, de grandes et terribles situations, sont déshonorées par des farces monstrueuses, des bouffonneries insupportables. Il a introduit, par exemple, dans sa tragédie de *Venise sauvée*, un sénateur contrefaisant le taureau et le chien pour plaire à une courtisane ; cette pièce a cependant des beautés véritables que La Fosse a transportées sur le théâtre français dans sa tragédie de *Manlius*. *L'Orpheline*, *Don Carlos*, ne sont pas des ouvrages sans mérite ; il est probable qu'Otway se serait acquis une renommée durable s'il eût moins sacrifié au goût de son siècle, dont il contribua encore à cimenter la barbarie par ses extravagantes conceptions que soutiennent cependant des traits de génie. Son style, au reste, n'est pas exempt d'enflure dans les meilleurs morceaux.

Davenant, qui fut nommé poète Lauréat à la mort de Ben-Johnson, écrivit aussi des tragédies. Nicolas Rowe, traducteur de Lucain, se fit estimer par des beautés de détail et des scènes énergiques. Plusieurs auteurs obtinrent le succès de la nouveauté.

'La comédie prit un caractère sous la plume de Wicherley, dont l'imagination vive et satirique saisissait facilement les ridicules. Cet écrivain original mit dans son expression plus de vigueur que de finesse, et connut peu l'harmonie et l'élégance qui résultent du choix des mots et de leur disposition pittoresque ; mais il décrivit les mœurs avec une certaine vérité. Dans *le Misantrope* et *l'Ecole des Femmes*, qu'il imita de Molière, les traits qui lui appartiennent sont fort au-dessous de ceux qu'il a empruntés à ce grand maître ; et ce qu'il a de plus en énergie ou en hardiesse, n'est que de l'indécence ou de la grossièreté. En général ses pièces , comme la plupart de celles du théâtre anglais , sont écrites avec une licence, que la délicatesse française trouverait révoltante ; mais il a de la force comique et du naturel.

Shadwell imita aussi plusieurs scènes des comédies de Molière, et toute la pièce de *l'Avare*, qu'il mit au théâtre sous le titre *du Misérable*, et qu'il défigura. Il avait la vanité de se croire fort supérieur à ce peintre sublime du cœur humain, et la bonhomie de dire qu'il ne lui faisait des emprunts que par paresse, tout Anglais sachant écrire beaucoup mieux que Molière. Et voilà comme l'impuissance, la médiocrité et les préjugés nationaux se réunissent impudemment contre le génie, après s'être parés de ses dépouilles; voilà comme on juge, et tout bon Anglais est de l'avis de Shadwell.

Le chevalier Wanbrugh se montra plus sensé dans ses opinions. Ses comédies sont grossières, mais très-gaies : elles renferment peu d'observations délicates, mais des saillies originales. Wanbrugh était architecte, et présida à l'érection du lourd château de Blenheim, élevé en mémoire de la bataille d'Hochstet. Il vint en France et fut mis à la Bastille. On a remarqué qu'à son retour dans sa patrie, il ne s'était permis aucun trait de satire contre le gouvernement qui l'avait persécuté. Cette modération fait honneur à son caractère. Ben-Johnson, Davenant, Nicolas Rowe, Dryden, d'autres écrivains, composèrent des

comédies qui furent accueillies avec bienveillance.

17ᵉ. siècle.

Mais le génie de Milton assura la gloire
de l'Angleterre plus que tous les efforts des
enfants de Thalie. Poète dès l'enfance, il
parcourut en observateur presque toute
l'Europe, et il mûrit son talent par ses voyages. On assure qu'une parade italienne
d'Andrini, intitulée *Adam ou le Péché
originel*, lui inspira l'idée de son *Paradis
perdu*; mais toutes les pensées deviennent
vastes et sublimes sous la plume d'un homme
de génie, et la nature s'agrandit sous ses
pinçeaux. Les innocentes amours d'Adam et
d'Eve forment un tableau rempli de grâce,
de pureté, d'élégance et de charme. C'est
dans ce chant qu'il s'est le plus rapproché
de la perfection simple et naïve de l'antiquité; les descriptions en sont heureuses
et brillantes de poésie; la fécondité de l'i-
magination est égale à l'éclat du coloris, et
si tout le poëme répondait à cet admirable
morceau, il serait regardé comme ce que
l'on a jamais écrit de plus parfait. Mais de
grands défauts se joignent à ces beautés su-
périeures; le sujet en lui-même est bizarre-
ment choisi, les fictions sont souvent bas-

ses, ridicules, extravagantes, tandis que celles d'Homère, à qui les Anglais ont comparé Milton, sont toujours nobles, et qu'aucune d'elles ne répugne au goût le plus délicat. Les Anges tombés se transformant en pygmées pour tenir conseil, la généalogie de la mort et du péché, le fils de Dieu montant sur un char pour combattre des esprits rebelles que Dieu pouvait anéantir d'un regard, non-seulement déplaisent aux hommes d'un jugement sain, mais les révoltent par des images repoussantes. Les cinq premiers chants sont en général beaucoup plus soignés que les derniers; cependant on rencontre, dans tout le poëme du nombre, de l'harmonie, de l'éclat et des traits d'une sombre énergie, d'une sublimité vigoureuse qui étonne et captive l'admiration; on reconnaît aussi, dans les discours que Milton prête aux anges condamnés, l'esprit de républicanisme qui régnait alors en Angleterre. Milton n'y fut pas étranger : secrétaire de Cromwel, il composa un livre sur les droits des rois et des magistrats, dans lequel il fit l'apologie du Protecteur, et publia plusieurs pamphlets dont l'intention était la même.

Le Paradis perdu est écrit en vers non rimés, et Milton ne le termina qu'après les guerres civiles. On goûta peu cet ouvrage lorsqu'il parut, et il serait peut-être oublié si Addison n'eût fixé sur lui l'attention des Anglais, en discutant les beautés qu'il renferme. Milton devint aveugle comme Homère; mais il ne mourut pas dans l'indigence, quoiqu'on l'ait répété souvent, afin sans doute de rendre le parallèle plus exact. Il a laissé des poésies légères assez estimées.

Butler était certainement fort loin de posséder le talent poétique de Milton, et cependant il eut plus de réputation que lui pendant sa vie. Il se moqua très-gaîment des partisans de Cromwel et de la révolution d'Angleterre, dans une ingénieuse satire, intitulée *Hudibras*, ouvrage rempli d'imaginations comiques, d'idées burlesques et originales, d'excellentes plaisanteries et de railleries sanglantes. Ce poëme, infiniment supérieur à la *Satire Ménippée*, composée en France dans un même esprit au temps de la Ligue, fut reçu avec transport par tous les amis de Charles II : il est écrit avec verve et facilité, mais les pensées et les images en sont trop souvent indécentes et grossières, et la prolixité des détails en paraît d'autant plus fatigante, que l'on s'éloigne davantage du siècle et des événements qu'il retrace. On ne saurait au reste le bien juger que dans la langue où il est écrit, parce que la plupart des bons mots et des allusions s'affaiblissent ou se perdent en les traduisant. Butler est le Cervantes de l'Angleterre.

Le comte de Rochester se fit un nom par des satires. Il en composa une sur l'homme beaucoup plus hardie que celle de Boileau, et pensée avec toute la licence anglaise, mais bien inférieure aux ouvrages de notre Horace sous le rapport du style. Il avait une imagination très-vive qui l'égarait souvent, du feu, de l'énergie, des traits sublimes, et l'Angleterre le regarde comme un de ses meilleurs poètes. Waller partagea cette renommée. Il chanta les amours et les plaisirs, mit beaucoup d'esprit dans ses vers, eut des idées piquantes et fines, mais aussi trop d'affectation et de recherche. Ses phrases sont harmonieuses, quoique remplies de négligences et de pensées fausses. Son chef-d'œuvre est un *Eloge funèbre de Cromwel.* Son ouvrage le plus étendu est

aussi le plus médiocre; c'est un poëme sur
l'amour divin. Abraham Cowley décrivit
les infortunés de David, et publia des poésies amoureuses dénuées de chaleur et de
naturel : rien n'égale la fadeur de ses allégories et de ses jeux de mots répétés. Les
poésies de John Denham ont de l'éclat et
sont estimées. Celles de Walsh, gracieuses
et faciles, sont remarquables encore par
une grande correction. Il composa des odes,
un dialogue philosophique, intitulé *l'Hôpital des Fous*, et forma le célèbre Pope
dans l'art de la versification. Le comte de
Roscommon mit en anglais l'épître d'Horace aux Pisons, et donna un poëme sur
la manière de traduire en vers. Beaucoup
d'hommes d'esprit se distinguèrent par des
productions agréables.

Le chevalier Temple, politique habile,
écrivain correct et profond, déploya autant
de talent dans ses ouvrages que dans ses
négociations. On lui doit des Mémoires,
des remarques sages sur l'état des Provin-
ces-Unies, et une *Introduction à l'Histoire
d'Angleterre*, esquisse impartiale et bien
pensée d'une histoire générale. Lord Cla-
rendon, dont le style est extrêmement dif-

fus, est regardé comme un grand peintre de portraits historiques. Tindall ajouta deux volumes de remarques à l'histoire de Rapin-Thoyras, et compléta ainsi cet ouvrage. L'écossais Dempster publia l'histoire ecclésiastique et littéraire de sa patrie. Waree, bon et savant critique, donna des Annales d'Irlande, et un Traité latin des écrivains de ce royaume. L'*Athénée* de Wood est une excellente histoire littéraire de l'Angleterre depuis l'an 1500 jusqu'à 1690. Ce savant montra encore une vaste érudition dans ses *Antiquités d'Oxford.*

Cette mine féconde de l'antiquité était à la fois exploitée dans toutes ses ramifications en Europe, et d'infatigables compilateurs rassemblaient des matériaux immenses, afin de faciliter les études et d'aplanir les routes de la science à leurs successeurs. L'Angleterre devait à Greaves ou Grœvius un *Trésor des Antiquités romaines.* Gronovius donnait à l'Allemagne un ouvrage semblable sur les antiquités grecques, et une foule de dissertations savantes sur la même matière. Ezéchiel Spanheim, dont l'érudition était prodigieuse, éclaircissait la science des médailles et des monuments, en s'acquittant avec honneur et prudence de ses fonctions d'ambassadeur. Peiresc contribuait par ses encouragements, ses conseils et ses propres recherches, à donner du développement à la Numismatique. Vaillant parcourait l'Italie, la Grèce, l'Egypte et la Perse, et affrontait tous les dangers pour réunir des médailles rares; d'après lesquelles il traçait l'histoire des Césars, des rois d'Egypte et de Syrie, des familles romaines, de l'empire des Parthes, des rois de Pont, du Bosphore de Thrace et de Bythinie. Spon voyageait avec ce savant, et mettait au jour des traités remplis d'érudition et de sagacité; Charles Patin publiait une *Introduction à l'histoire par la connaissance des médailles*, et le père Montfaucon, l'un des plus laborieux écrivains, donnait la mesure d'une étonnante patience dans sa compilation, un peu informe, *de l'Antiquité expliquée*; ses *Monuments de la Monarchie française*, sa *Paléographie grecque*, et plusieurs autres volumineux traités.

En même temps Samuel Bochart, qui possédait les langues syriaque, éthiopienne, chaldaïque, hébraïque, arabe, dissertait savamment sur la géographie sacrée et sur les animaux, les plantes et les minéraux dont il est fait mention dans l'Ecriture. La docte famille des Basnage portait la lumière dans les ténèbres de la jurisprudence, dans l'histoire hébraïque et ses antiquités; et l'un d'eux faisait succéder le *Journal des Savants* aux *Nouvelles de la République des Lettres* de Bayle. Saumaise remplaçait Scaliger dans la chaire de langue grecque à Leyde, et rendait de grands services aux sciences par ses immenses recherches et l'esprit de critique qui le dirigeait dans ses travaux. Elles avaient les mêmes obligations, au Hollandais Jean Meursius, qui imprimait une histoire de quelques rois de Danemarck, celle des Pays-Bas sous le duc d'Albe, et de nombreux mémoires sur les habitudes et les mœurs des Grecs. *Les Origines de la langue française* par Ménage, contribuaient à la former malgré les absurdités et la fausse science qui déshonorent cet ouvrage. Le sceptique Huet, évêque d'Avranches, mettait trop peu de véritable philosophie, de saine logique et de justesse dans ses *Traités de la faiblesse de l'esprit humain*, et de l'*Origine des ro-*

mans, son *Histoire du commerce et de la navigation des Anciens*, et ses dissertations scientifiques. Dacier et mademoiselle Lefèvre, qu'il avait épousée à cause de son savoir, ce que l'on nommait plaisamment le mariage du grec et du latin, consacraient tous leurs moments à l'éclaircissement et à la traduction des anciens auteurs, et reproduisaient dans la langue française Homère, Anacréon, Sapho, Aristophane, Sophocle, Aristote, Platon, Hippocrate, Plaute, Plutarque, Epictète, etc. Gérard et Isaac Vossius son fils, se plaçaient au rang des savants les plus illustres; le premier par ses ouvrages historiques sur les auteurs grecs et latins; le second, par sa *Dissertation sur l'âge du monde*, sa *Chronologie sacrée*, et une foule de traités où règne une vaste érudition.

Les sectes galénique et chimique, qui s'étaient réconciliées dès le siècle précédent, n'en formaient plus qu'une, dont les membres s'occupaient à rassembler le plus grand nombre de faits possible, et à les réunir autour d'un système régulier; mais comme on était encore trop occupé de cette recherche, l'esprit de méthode ne

pouvait agir avec certitude, et les médecins ne tardèrent pas à se diviser.

L'art de la chirurgie faisait seul des pas
assurés, et le talent de l'observation, qui
caractérise les hommes de ce siècle, par-
venait à d'importantes découvertes. Les
anatomistes perfectionnèrent la plupart des
descriptions restées encore incomplètes.
Casserius s'attacha aux organes des sens,
et Riolan au système osseux et à l'anatomie comparée. Aselius reconnut les vaisseaux lactés, Bartholin et Olaus Rudbec-
kius les vaisseaux lymphatiques. Pecquet
découvrit le réservoir du chyle. Ruysch
développa la structure vasculaire et donna
une exacte anatomie du cœur. Nuck compléta l'histoire des glandes. Clopton Ha-
vers donna l'anatomie des glandes sino-
viales et articulaires. Glisson et Malpighy
s'occupèrent des téguments et des viscères;
Wieussens et Willis, du cerveau et des
nerfs; Graaf, des phénomènes de la génération. Duverney décrivit l'organe de l'ouïe
avec beaucoup de précision. Borelli éclaircit la théorie du mouvement animal, en
appliquant aux forces musculaires un principe très-simple de mécanique. Swammer-

dam perfectionna la science des injections.
Leevenkoek prétendit avoir vu, à l'aide
d'excellents microscopes, des animalcules
dans les liqueurs qui constituent les corps
vivants. Mais une des plus précieuses découvertes de ce siècle fut celle de la circulation du sang, que démontra Harvée
par la réunion d'un grand nombre de faits,
et par des expériences incontestables. La
faculté de Paris déclama contre cette précieuse observation, qui donnait ouverture
à de nouvelles et savantes théories physio-
logiques.

Les influences chimiques de Paracelse
dominaient encore dans quelques esprits
au commencement de cette époque, et
Vanhelmont, plus savant que lui, mais
dont la tête était aussi ardente, adopta
l'idée que tous les phénomènes de la vita-
lité n'étaient que les produits nécessaires
de certaines actions chimiques, subor-
données cependant à un *Archée* ou être intelligent, agissant dans un but déterminé,
et ayant sous ses ordres des agents subal-
ternes qui président aux fonctions de chaque organe. Il assigna une grande puissance à la région épigastrique, et reconnut

pour ainsi dire trois pouvoirs dans le corps humain : la tête, la poitrine et l'épigastre.

Vanhelmont eut beaucoup de partisans ; mais la découverte de la circulation du sang les lui enleva. Descartes adopta ce principe et, en le combinant avec sa doctrine corpusculaire, il essaya de réduire à un simple mécanisme toutes les affections des corps animés. Ainsi la philosophie cartésienne introduisit dans la physiologie le calcul mathématique, et voulut fonder sur les règles de l'hydrostatique et les lois générales du mouvement, des prétentions aussi hasardées que les théories chimiques du siècle précédent. On expliqua l'action des médicaments par celles des parties subtiles de Descartes, sur les solides et les fluides ; et la plupart des médecins crurent que la cause des maladies dépendait de l'état des fluides, et que les remèdes agissaient en modifiant cet état.

Le célèbre Boerhaave adopta ce système, et voulut démontrer que le corps humain n'est qu'une espèce de machine hydraulique, mise en jeu par l'action impulsive du cœur (1). Tous les phénomènes de la vita-

____

(1) Boerhaav., Orat. de usu ratiocin. mechan. in med.

lité dépendirent, suivant lui, des contractions et des dilatations successives que le mouvement du sang occasionne dans ce viscère. Les fonctions des organes se bornèrent à donner au sang les formes propres à le faire circuler dans tout le corps, et l'organisation humaine ne fut plus qu'un assemblage de cordes, de léviers, de poulies, de canaux et de conduits, régi par des lois mécaniques.

Hoffmann, qui croyait que la matière, susceptible par elle-même de mouvement et d'activité, peut suffire à toutes les fonctions des êtres qui en sont composés, pensa aussi que la marche progressive du sang était la cause essentielle de la vie, et qu'elle dépendait des actions et des réactions mutuelles des solides et des fluides les uns sur les autres; mais il admit, outre l'influence du sang, celle d'un fluide nerveux, composé de particules d'air et de feu, enveloppées dans une lymphe très-pure (1); fluide qui constituait, suivant lui, l'âme sensitive où réside le siége des passions.

____

(1) Dumas, Princip. de Physiol.

L'altération de l'équilibre entre les solides et les fluides déterminait, dans son système, les diverses espèces de maladies.

Stahl ne put se contenter d'un simple mécanisme dans les phénomènes de l'animalité, et, s'il admit ce système, il enseigna qu'il était dirigé par un principe intelligent qui appliquait les forces à des usages prévus et les distribuait avec une sage économie. Ce génie supérieur, qui traita philosophiquement la science de l'homme, rejeta les hypothèses hasardées, les lois que la précipitation seule avait fait admettre comme universelles, et montra toutes les contradictions qui existaient entre les faits et les opinions nouvelles. Il marqua les limites qui séparent les sciences spéculatives de la médecine, fille de l'observation, et enseigna que les êtres animés ne sont pas soumis aux lois nécessaires de la mécanique, parce que tous leurs actes tendent à une fin commune qui embrasse le système des moyens établis pour conserver la vie. Il écrivit que les éléments du corps humain tendant sans cesse vers la destruction, il faut que l'acte qui s'oppose à cette corruptibilité s'exerce aussi sans relâ-

che (1); cet acte constitue essentiellement la
vie, il est assuré par diverses opérations
coexistantes et successives, et la santé résulte de l'exacte conformation des organes
qui leur permet de remplir, avec liberté,
les fonctions auxquelles ils sont destinés.

Le principe intelligent, qui dispose les
corps organisés, est suffisamment prouvé
par la régulière conformité qui existe entre
la structure de chaque organe et ses usages.
Ce principe est celui de la vie, c'est l'âme
pensante, présente à toutes les parties du
corps, les étudiant, les dirigeant d'après
ses vues; agissant sur lui comme sur un
être passif, et trouvant sa force dans une
source active qui régit les phénomènes
vitaux indépendamment de la volonté,
d'après des lois spéciales.

C'est par ce raisonnement que Stahl
rejeta la théorie des esprits animaux, qui
servait à expliquer le mécanisme de la vita-
lité. Il réduisit les facultés de l'âme à celles de
sentir et de mouvoir, et les regarda comme
suffisantes pour conserver le corps en état

____

(1) Dumas, Princip. de Physiolog.

de vie, en subordonnant la seconde à la première et en les divisant en deux modifications principales, l'une relative aux organes intérieurs, et l'autre aux organes extérieurs (1). Il considéra la circulation du sang comme le moyen par lequel la nature prévient l'épaississement des humeurs animales, et les excrétions, comme celui qu'elle emploie pour remédier à la tendance vers la putréfaction.

Les ouvrages de Stahl sont très-obscurs, et il paraît qu'à cette époque encore on croyait nécessaire d'écrire ainsi les livres scientifiques, afin que le vulgaire ne pût y puiser d'inutiles ou dangereuses connaissances. Ce principe n'est pas adopté de nos jours.

Harris se distingua par de bons *Traités sur les maladies des Enfants*. Glisson puplia l'*Histoire du Rachitis*, et proposa des moyens curatifs. Sydenham fut nommé l'Hippocrate de l'Angleterre; c'est un des observateurs les plus pénétrants de ce siècle; il changea le traitement meurtrier,

____

(1) Stahl. Theor. medic. ver.

17e. siècle.

alors en usage, pour la petite vérole, contri-bua à détruire les préventions que les mé-decins de l'ancienne école élevaient contre le quinquina, et donna d'excellents ouvra-ges sur les maladies épidémiques et les fiè-vres de toute espèce. On cite encore avec honneur les traités de Baglivi sur la mé-decine pratique ; celui de Conringius, sur la diététique des anciens Germains ; de Volfgang Wedel, sur le régime des gens de lettres, ainsi que sa *Physiologie médicale;* ceux de Willis, de Bennet, d'Ettmuller, de Lémery, de Vogler, de Morgagny, etc.

CHIMIE.

La chimie n'était pas encore envisagée sous un point de vue philosophique, et, dans une grande partie du dix-septième siècle, elle ne fut qu'une science occulte et mystérieuse, dont les expériences étaient cachées sous un jargon presque inintelligi-ble; cependant les hommes qui la culti-vaient et qui partageaient encore les idées que Paracelse avait émises, rendaient d'é-minents services à la médecine, par la dé-couverte de plusieurs médicaments utiles. Glaser, Lémery, Glauber, Borrichius, Digby, Kunkel, Cassius, s'occupaient à faire de l'or, et trouvaient des préparations salutaires ou d'une application avantageuse dans les arts, lorsque le médecin Conringius et le père Kirker, par un savant ouvrage, intitulé *Mundus subterraneus*, vinrent combattre l'alchimie et lui arracher ses partisans.

Jacques Barner est un des premiers qui essayèrent de réduire la chimie en corps de doctrine; il rassembla beaucoup de faits; les rangea méthodiquement et chercha, par une suite de raisonnements, à les faire dépendre les uns des autres. Bientôt Bohnius publia un *Traité de Chimie*, qui fut considéré long-temps, dans les écoles, comme un excellent livre élémentaire; et Joachim Beccher, réunissant dans sa *Physique souterraine* tous les faits acquis jusqu'alors, décrivit, avec sagacité, les phénomènes de la science, et devança même son siècle en prévoyant quelques-unes des découvertes qui ont assuré sa marche et ses progrès.

Stahl commenta la doctrine de Beccher, la rectifia et l'étendit. Il adopta et voulut démontrer l'existence d'un principe inflammable, qu'il nomma le phlogistique, mit de l'ordre dans ses recherches et s'acquit beaucoup de gloire par des traités sur le soufre, les sels et la métallurgie.

Boerhaave cultiva aussi la chimie, et ses ouvrages, sur cette matière, furent des chefs-d'œuvres pour l'état de la science à cette époque.

La théorie de Stahl ne tarda pas à être adoptée de tous les chimistes et elle conserva son empire jusqu'au moment où la chimie pneumatique, soutenue par les belles expériences de Lavoisier, vint lui enlever ses priviléges et sa puissance.

La physique s'enrichissait en même temps d'un grand nombre d'observations importantes. Toricelli inventait le baromètre et mesurait ainsi les plus petites variations dans la pesanteur de l'atmosphère. Robert Boyle découvrait l'élasticité de l'air, sa raréfaction et sa condensation, et prévoyait déjà que l'air atmosphérique devait contenir quelque principe subtil capable de soutenir la vie et de nourrir la flamme. Otto de Guéricke construisait la première machine pneumatique, un des plus utiles instruments de la physique expérimentale. Amontons, Désaguliers, se distinguaient par d'intéressantes découvertes. Nous avons

PHYSIQUE.

parcouru, en parlant des sciences mathématiques, celles qui honorent les plus
grands génies du siècle, Descartes, Pascal, Newton, etc.

L'histoire naturelle n'était pas encore
réduite en système général ; la science des
minéraux n'était que la métallurgie ; celle
des animaux, assez mal connue, ne présen-
tait rien de satisfaisant. Guielker et Bo-
nanni écrivaient sur les coquillages. Wil-
loughby s'occupa ds l'ornithologie et des
poissons; Mérian, Swammerdam, Leeven-
hoeck, firent des observations délicates
sur les insectes, leur structure et leur
propagation. Blaes et Severin donnèrent
l'anatomie de plusieurs animaux.

Mais la science de la botanique prenait
une forme et des caractères sous les yeux
exercés de Ray et de Tournefort. Le premier divisa les plantes en trente-trois classes
et s'étaya, pour les établir, non seulement
des caractères de la fructification, mais encore de la forme des racines et des feuilles.
Il fit l'énumération des vertus de celles que
l'on emploie ordinairement en médecine
et il se trompa sur une foule de points es-
sentiels. Tournefort évita les absurdités

qui se trouvaient dans les méthodes de ses contemporains, et la sienne, fondée sur des caractères tirés de la fructification et de la floraison, devint la plus ingénieuse et la plus complète de toutes celles que l'on connaissait; il y a même encore des naturalistes qui lui donnent la préférence sur les systèmes que l'on a fait paraître depuis cette époque. Il réduisit les plantes à quatorze classes, qui comprennent six cents soixante-treize genres et huit mille huit cent quarante-six espèces. Boerhaave compta environ onze mille plantes connues de son temps.

Pison décrivit les plantes du Brésil; Plumier et Sloane, celles de l'Amérique. Sloane forma la plus belle partie du Musée d'histoire naturelle de Londres. Hernandez fit connaître les plantes du Mexique; Paulli et Rheede, celles du Danemarck et du Malabar.

Grew et Malpighi fondèrent la physiologie et l'anatomie végétales. Perrault, Dodart, Mariotte, ajoutèrent beaucoup de faits à leurs observations. Zaluzanis annonça la propagation des végétaux par le concours d'organes sexuels, distincts;

l'anglais Bobart et Jacques Camérarius tra‑
vaillèrent à confirmer cette opinion par des
expériences.

Les modernes sont loin d'avoir perfec‑
tionné l'architecture, et l'on peut dire que
toutes leurs conceptions se sont bornées à
varier la disposition des élémens que nous
ont transmis les Grecs et les Romains.
Heureux encore ce bel art, si les hommes
qui l'exercèrent dans le dix-septième siècle
se fussent contentés d'imiter les anciens et
de suivre les bons modèles qu'ils nous ont
laissés; mais l'amour-propre et le goût de
l'innovation engagèrent à s'écarter de la
grâce et de la simplicité antique, et l'on
gâta les plus belles masses par des détails
maigres, ridicules et maniérés.

Louis XIV consacra des sommes consi‑
dérables à l'érection de vastes monumens.
Il voulait réunir non-seulement la gran‑
deur, la solidité, la beauté des formes, mais
encore la convenance et le caractère pré‑
cis de la destination des édifices qu'il fai‑
sait construire. Les architectes dont il se
servit, égarés par la manie des systèmes,
ne surent pas, en général, choisir, compa‑
rer, appliquer, combiner avec sagesse les

données qu'ils avaient sur leur art, et s'ils parvinrent à faire un riche emploi des trésors de l'antiquité, ils n'en firent pas le plus noble et le plus majestueux. Ils cherchèrent l'idée de la grandeur dans le volume et l'immensité des masses plutôt que dans la disposition et l'unité, et sacrifièrent le style sévère des Grecs à un prétendu jeu de formes qu'ils crurent brillant, et qui n'était que mesquin et sans effet.

La belle pensée de réunir dans un superbe palais les braves vétérans des combats, devait seule enfanter un chef-d'œuvre, et cependant le monument des Invalides manque d'ensemble et de caractère. Il fut commencé par Libéral Bruant, en 1771, et achevé en huit années. La grande cour, très-convenable à sa destination, est aussi fort belle ; mais les divers bâtiments qui forment les dépendances à droite et à gauche, sont disposés de telle manière, qu'il faut les parcourir séparément pour se faire une image de l'étendue de l'édifice. L'église et son dôme, construits sur les dessins de Jules Hardouin Mansard, réunissent tout le luxe de l'architecture, de la peinture, de la sculpture,

17e. siècle.

des marbres et des métaux ; mais ils n'ont aucun rapport avec le reste du bâtiment, et ils paraissent des hors-d'œuvre ; ce sont des morceaux séparés, élégants et recherchés en eux-mêmes, qu'on doit examiner partiellement pour juger de leur beauté et des difficultés de leur agencement. Une idée principale, à laquelle on eût subordonné tous les détails, aurait produit plus d'effet et eût autrement rempli le but que se proposait le souverain.

François Blondel s'illustra par l'érection de la Porte triomphale de Saint-Denis. Ce genre de monument, destiné à consacrer aux yeux de la postérité des victoires ou des conquêtes, est susceptible de recevoir les formes les plus brillantes et de s'allier à toutes les richesses de la sculpture. Le chef-d'œuvre de Blondel rappela ceux de l'antiquité et les eût égalé, peut-être, si l'auteur ne s'était pas cru obligé de sacrifier aux vues rétrécies de son temps : un peu de maigreur dans les proportions de son arc de triomphe, lui enlève le caractère mâle qui convient à un édifice de cette espèce, mais il renferme de magnifiques détails.

Bullet mit une sage retenue et une belle simplicité dans la composition de la Porte Saint-Martin.

Jules Hardouin Mansard éleva le château de Marly, et, pour plaire à Louis XIV, il eut l'ingénieuse idée d'en faire le palais du soleil. Il divisa donc ses plans en un corps de logis principal entouré de douze pavillons, dédiés aux douze signes du Zodiaque. Les dispositions générales sont grandes, mais les formes sont trop tourmentées Le Nôtre en dessina les jardins et leur donna cet air théâtral et d'apparat qu'il imprimait à ses nobles compositions. Dans les châteaux de Versailles, de Trianon, de Chantilly, on voit toujours les masses négligées pour les détails; l'Orangerie de Versailles, cependant, présente une exécution imposante et hardie sur laquelle l'œil se repose avec plaisir.

La superbe façade du Louvre se distingua, au milieu des maigres conceptions du siècle, par une architecture d'une haute proportion et des ornements d'une extrême élégance. Perrault avait puisé son talent dans les écrits de Vitruve, et il fit une très-belle application des principes de ce grand maître. On lui reproche néanmoins l'accouplement des colonnes, qui détruit, dit-on, une partie de l'effet qu'il eût obtenu en les plaçant séparément.

Le Bernin, à la fois peintre, architecte et sculpteur, après avoir construit à Rome l'église de Saint-André, la colonnade qui environne la place de Saint-Pierre, et la fontaine de la place Navonne, fut appelé en France pour donner des plans du Louvre, que l'on n'adopta pas. Il se livrait aussi aux frivolités de la mode et ne se défendait pas asez de la bizarrerie des contours et de la superfluité des ornements. Il conçut le beau projet de réunir le Louvre aux Tuileries par une galerie parallèle à celle du quai. Charles Fontana, son élève, érigea en Italie quelques édifices dont l'architecture est estimée, et publia une savante description de l'église de Saint-Pierre de Rome.

Le Borromini, dont la réputation fut très-grande, méconnut, plus que personne, les beautés qui résultent de la simplicité des formes. Il avait une imagination vive et un véritable talent, mais l'amour de la nouveauté l'égara; il introduisit dans ses compositions les cartouches, les frontons brisés, les colonnes engagées, et contribua, plus que personne, à pervertir le goût de la bonne architecture. On cite, parmi ses nombreux ouvrages, les églises de la Vallicella et de la Sapience, à Rome. Cet artiste se tua dans un accès de jalousie contre Le Bernin.

L'Observatoire de Paris, par Perrault, montra que dans un petit espace on peut élever des monuments d'un grand caractère. Les bourses de Londres et d'Amsterdam rappelèrent le style antique, par la disposition des portiques et la simplicité des plans. L'Université de Turin, celle de Pavie, le Collége helvétique de Milan, recommandables par leur élégance, la sagesse de leur conception, la beauté de leur aspect, la convenance parfaite qui les distingue, prouvèrent que l'architecture peut influer sur les mœurs et les idées des hommes, en leur causant des impressions agréables et imposantes.

L'art de la peinture conservait encore l'éclat qu'il avait répandu sur le seizième siècle. L'école de Michel-Ange de Caravage, quoiqu'elle s'éloignât de la pureté de la bonne école romaine, formait des artistes dont le talent n'était pas doute.... L'Espagnolet, le Valentin, Joseph Pin, Honsthort, imitaient la manière de leur maître et produisaient des tableaux où il y avait des beautés. Le florentin Tempeste représentait des chasses, des batailles, des cavalcades, avec un pinceau facile et une imagination féconde.

Mais de l'académie des Caraches sortaient des élèves qui tiennent le premier rang dans la peinture. Le Guide, le Dominiquin, l'Albane, le chevalier Lanfranc, se plaçaient auprès des Raphaël et des Titien.

Domenico Zampieri, dit le Dominiquin, est un des peintres les plus célèbres; il avait une expression forte et brillante, et sa *Communion de Saint-Jérôme* est mise au rang des plus beaux tableaux qui existent. Cet admirable ouvrage ne fut payé à son auteur que cinquante écus, tant son talent était alors méconnu. Son dessin était cependant très-pur et son coloris naturel et animé; mais ce grand artiste était poursuivi par l'envie, qui s'attacha à ses productions même après sa mort; et le chevalier Lanfranc, autre peintre, qui n'était pas sans mérite, mais que celui du Dominiquin écrasait, porta la haine et la jalousie jus-qu'à faire détruire plusieurs des ouvrages qu'il avait exécutés à Naples. Le Poussin regardait le Dominiquin comme le premier des peintres, pour l'expression. Ses tableaux de *David, jouant de la harpe*, et de *Sainte Cécile, touchant une basse de viole*, sont des chefs-d'œuvres de dessin et de couleur.

Le Guide n'eut pas l'énergie du Dominiquin, mais il peignit des tableaux infiniment gracieux, avec une touche très-délicate et beaucoup de correction dans le dessin. Il ne rechercha pas les effets qui proviennent de l'opposition des ombres et des lumières, et il environna, au contraire, ses figures de la plus grande clarté du jour, adoptant, en cela, une manière entièrement différente de celle du Caravage. Aussi le Caravage ne tarda pas à devenir l'ennemi du Guide, et chercha toutes les occasions de l'injurier et de lui nuire; mais le temps les a mis à leur place, et la renommée du Guide n'a plus rien à craindre des railleries de son rival. *L'Enlèvement d'Hélène* est un de ses meilleurs ouvrages; le tableau de la *Fortune* a de l'élégance et de la douceur, mais le coloris en est faible et sans vigueur; son *Annonciation*, l'*Aurore*, l'*Enlèvement d'Europe*, sont classés parmi ce qu'il a fait de mieux.

L'Albane honora l'académie des Carrache par la finesse de son pinceau, la légèreté et la suavité de ses compositions. Il épousa une femme charmante, qui le rendit père de douze beaux enfants, dont il reproduisit les portraits dans tous ses tableaux. Inspiré par de si doux modèles, il peignit toujours Vénus, les Grâces et les Nymphes, et il disposa autour d'elles les plus jolis Amours du monde, avec un goût exquis. Ses productions étaient recherchées, comme des pierres précieuses.

Le Guerchin suivit la manière sombre du Caravage; il dessina plus correctement que lui et ses tableaux ont des beautés, mais ils manquent de grâce et d'agrément.

Lanfrane voulut imiter le Corège; mais il fut loin d'atteindre au talent de ce maître. Son dessin n'était pas exempt de reproches, ni ses compositions savantes. Il avait cependant de la force et de la facilité.

André Sacchi, Domenico Feti, le Benedette, le Cavedone, Piètre de Cortone, qui

17e. siècle.

avait de la grâce, de la chaleur, de la facilité, qui connaissait bien l'emploi et l'harmonie des couleurs, marchèrent sur les traces des peintres dont nous parler. L'espagnol Vélasquez, Savaltor Rosa, qui peignit des combats, des paysages, des tableaux d'une composition singulière, Michel-Ange-des-Batailles, qui réussit aussi dans ce genre et dans l'imitation de la nature morte, se créèrent une réputation durable. Claude Gelée, dit le Lorrain, mit dans ses paysages de la fraîcheur, de la finesse et une étonnante vérité.

L'école flamande se glorifiait aussi des ouvrages de quelques bons peintres; mais ils furent tous effacés par Rubens, qui reçut ses premières leçons d'Adam Van Noort et d'Otto Venius. Ce célèbre artiste était fort instruit, et parlait, dit-on, sept langues. Il alla se perfectionner en Italie et, à son retour, Marie de Médicis le choisit pour peindre la galerie du Luxembourg, où il représenta, en vingt-un tableaux, toute l'histoire de cette princesse. Il y fit un étrange abus de l'allégorie et il y mit, pour ainsi dire, tout ce qu'il savait. Ce mélange de personnages réels et de symboliques, de figures matérielles et d'êtres fantastiques, ne soutient pas l'épreuve de la réflexion, et s'il prouve l'imagination et le savoir du peintre, il fatigue l'attention de l'observateur sans satisfaire son esprit. Les figures de Rubens manquent, en général, de grâce et surtout de dessin, ses draperies sont lourdes et mal agencées; ses airs de tête, communs et sans noblesse, sont les mêmes dans tous ses tableaux; mais son coloris est admirable, et peu de peintres ont retrouvé l'éclat de sa palette. On a de lui un nombre immense de compositions. Sa *Descente de Croix* est mise au rang des chefs-d'œuvres de la peinture.

Vandick, son élève, eut le coloris de son maître, un pinceau facile, un dessin assez pur; il fit peu de tableaux d'histoire, mais rien n'égale le naturel et la vie de ses portraits. Gérard Segers imita Michel-Ange de Caravage. Briemberg, Asselin, Polembourg, eurent des succès dans le paysage. Rembrandt se distingua par une manière particulière, peu gracieuse, mais forte d'effet. Il fit sentir parfaitement celui des lumières et produisit des chefs-d'œuvres de clair-obscur. Il grava quelques dessins, heurtés comme ses tableaux, peu léchés, mais vigoureux et d'un style original.

Wouvermans orna ses paysages de haltes, de marches, de campements, de combats, remplis de finesse et de vérité. Gérard Dow représenta, avec la plus grande exactitude et une entente parfaite des effets de lumière, des sujets choisis dans les scènes ordinaires de la vie. Son tableau de la *Femme hydropique* est un chef-d'œuvre de patience, de précision, et de naturel pour les petites choses et la nature morte ; le dessin de ses figures est peu correct, comme celui des Flamands, en général. Les deux Mièris, remarquables par une touche légère et un coloris brillant, s'exercèrent dans le même genre.

Mais tandis que ces artistes s'immortalisaient par de beaux ouvrages, le Poussin commençait à paraître et les surpassait tous par ses compositions sublimes et savantes, son discernement parfait, son imagination poétique et la fécondité comme la sagesse de ses conceptions. Il s'attacha beaucoup plus à la composition, à la pureté du dessin, à l'expression des figures, qu'à l'éclat du coloris ; mais il excella dans ces qualités essentielles; au reste, si l'on a reproché à ce grand homme des couleurs trop sombres, elles sont disposées avec un tel accord qu'après avoir soigneusement étudié ses productions on ne desire rien de plus brillant, tant les parties sont distinctes et artistement calculées, tant la dégradation des teintes est savamment observée, ce qui est extrêmement difficile, même avec des couleurs éclatantes, et il serait possible que le Poussin eût préféré un coloris sombre afin de conserver soigneusement cette harmonie.

Le Poussin ne peignit guère que des tableaux de chevalet; on regarde comme ses meilleures productions, la *Manne dans le désert, Moïse sauvé des eaux*, ce *Prophète foulant aux pieds la couronne de Pharaon*, le *Frappement du rocher*, *l'Enlèvement des Sabines*, la *Peste d'Athènes*, le *Ravissement de Saint-Paul*, les *Sept Sacrements*, ses superbes paysages et surtout celui de *Diogènes*, ses *Bacchanales*, son *Arcadie*, sa *Rébecca*, une foule d'autres ouvrages, et, par-dessus tout cela, le *Jugement de la femme adultère*, le *Testament d'Eudamidas* et le *Déluge*.

Cet artiste avait infiniment d'esprit et d'instruction et savait les faire valoir. C'est le peintre des hommes qui pensent. Tout est le résultat d'une sage réflexion dans ses tableaux; il n'est pas une figure que l'on puisse en ôter, pas une qu'il soit nécessaire d'y ajouter pour l'intelligence du sujet; le choix en est toujours élevé, les idées grandes, la distribution ingénieuse. Il n'a jamais emprunté ses plans à d'autres peintres; tout est à lui et il est bien difficile d'atteindre à la perfection qu'il a mise dans l'expression de ses pensées. Quelle ordonnance admirable et vraie, quelle noble disposition de personnages, de bâtiments et de lumières! Que de science dans ses allégories, et quelle manière prudente de les employer! Quelle exacte observation des convenances! Quelle étendue, quelle richesse, quel choix dans ses paysages et par quels traits il sait les rendre intéressants! Quelle savante imitation de l'antique! Quelles élégantes proportions, que de majesté, que de grâce dans ses figures! que de vérité, que de naturel, que de génie!

Le Poussin, aussi désintéressé que sublime dans ses ouvrages, ne s'occupait de

17e. siècle.

l'art que pour son excellence et dédaignait un salaire, toujours trop léger s'il devait servir à payer un chef-d'œuvre, et trop considérable pour une production médiocre. Il fixait donc un prix, non à ses tableaux, mais à son travail, et ce prix était fort peu de chose : il renvoyait le surplus aux personnes qui lui montraient de la générosité. Ainsi, par sa noble modération, il fit regarder les peintres comme des artistes et non comme des ouvriers, n'entendant pas que la fortune fût la récompense de ses peines, mais bien la réputation et l'honneur.

Guaspre du Ghet, son beau-frère, plus connu sous le nom de Guaspre Poussin, peignit aussi d'assez beaux paysages.

Simon Vouet, après avoir long-temps étudié en Italie, était venu s'établir en France et avait ouvert une école où il formait de bons élèves par ses excellents conseils : ce n'est pas qu'il fût lui-même autre chose qu'un peintre médiocre; son imagination manquait de chaleur; il n'avait aucune entente de la perspective ni de la répartition des lumières et des ombres, mais il raisonnait bien son art, et la

France dut à ses soins Lesueur, Lebrun, Mignard et plusieurs autres peintres.

Eustache Lesueur, qui ne sortit jamais de sa patrie, n'en atteignit pas moins à la perfection par le génie qui brille dans l'ordonnance de ses productions, la grâce et la dignité des personnages qu'il introduisit dans ses tableaux. Sa principale entreprise fut la vie de Saint-Bruno, qu'il peignit pour le cloître des Chartreux; excellente suite de magnifiques compositions où l'esprit du peintre s'allie à la vérité des situations pour les embellir, à la régularité des dispositions pour les rendre intéressantes. *La messe de St.-Martin, St.-Gervais et St.-Prothais, St.-Paul faisant brûler les livres d'Éphèse,* mirent le sceau à sa réputation. Il mourut à trente-huit ans, dans toute la force de son talent, laissant regretter les chefs-d'œuvres qu'il aurait encore produits. L'envie, après sa mort, s'exerça contre sa galerie des Chartreux, dont on alla repeindre les tableaux dans l'intention de les détruire. Les Chartreux se virent forcés de les faire couvrir de volets.

Laurent la Hire, Sarrazin, Nicolas Mignard, Jouvenet, soutinrent aussi l'honneur de l'école française. Sébastien Bourdon eut beaucoup de chaleur avec peu de correction. Les deux Boullogne produisirent quelques tableaux estimés. Philippe de Champagne se mit au rang des bons maîtres par de belles et grandes parties. Lebrun, qui coopéra à la fondation de l'Académie de Peinture, acquit une immense réputation par ses *Batailles d'Alexandre*, et sa *Madeleine pénitente*. L'esprit de ses compositions et sa science la lui méritèrent sans doute, mais il est resté fort au-dessous du Poussin et de Lesueur, parce qu'il est maniéré, que ses dispositions de figures sont plus théâtrales que naturelles, et qu'il a mis trop peu de vigueur et de variété dans ses ouvrages. Ses *Traités de la Physionomie et du Caractère des Passions*, prouvent qu'il était homme instruit et observateur. Noël Coypel peignit aux Invalides des fresques considérables. Son fils, Antoine Coypel, qui ne manquait pas de talent, était surtout fort habile dans la théorie de l'art. Il a laissé, sur la peinture, une épître remarquable par les bons préceptes qu'elle contient et quelques vers heureux.

La même révolution, qui s'était emparée de l'architecture et qui l'avait éloignée de la véritable route, portait aussi ses malignes influences sur la sculpture. La noble simplicité de l'antique ne semblait pas assez élégante aux hommes qui professaient ce bel art, et ils la remplacèrent par de petites compositions, des airs étudiés et grimaçants, des formes tourmentées, une ridicule ampleur de draperies et un agencement extraordinaire dans leur disposition. Pâris, Achille, Hercule, Apollon, les dieux sublimes d'Homère et de Virgile, devinrent des héros modernes, revêtus de traits ignobles et ajustés comme des rois de théâtre. Les poses maniérées des principaux groupes de ce temps sont vraiment fatigantes pour les yeux exercés aux beautés majestueuses et tranquilles des chefs-d'œuvres des Grecs; mais on a considéré depuis ces ouvrages avec moins de prévention, et ils ont déjà perdu tous les droits à l'admiration publique, qu'ils avaient usurpés.

Les Coustou, Guillaume et Nicolas, décorèrent les jardins de Versailles et de Marly de plusieurs belles statues. Nicolas Coustou est l'auteur des deux chevaux domptés, autrefois à Marly et actuellement placés à l'entrée des Champs-Elysées. Guillaume exécuta, pour l'église collégiale de Saint-Honoré, le mausolée du cardinal Dubois. Ces deux artistes entendaient parfaitement le travail du marbre.

Pierre Puget oublia un peu moins la pureté dont il avait dû prendre des leçons à Rome, et sa statue de Milon put faire croire qu'il reviendrait à la sagesse et à l'élégance des grands modèles. Mais on ne savait pas, ou l'on ne voulait pas voir à cette époque. On accordait, en peinture, une préférence désespérante aux tableaux maniérés de Lebrun, sur les judicieuses et sévères compositions de Lesueur ; il en était de même en sculpture, et si les artistes avaient assez de génie pour reconnaître les erreurs et la fausseté du goût dominant, ils ne se sentaient pas le courage nécessaire pour s'opposer au torrent et reprendre un plus noble essor. Le groupe de *Persée délivrant Andromède*, qui fit la renommée de Puget, a tous les défauts regardés comme des beautés par les sculpteurs français du dix-septième siècle. Le travail du marbre en est excellent.

Girardon fut le rival du Puget, et l'on compara souvent le talent de ces deux artistes. On disait que le Puget mettait plus d'expression dans ses figures, et que Girardon donnait plus de grâce aux siennes; prétendue grâce qui n'est que de l'affectation, et que l'on substituait à la vérité et à la nature quand on ne la jugeait pas digne d'être imitée. Ce sculpteur exécuta le mausolée du cardinal de Richelieu, l'*Enlèvement de Proserpine*, pour les jardins de Versailles, et le groupe des bains d'Apollon.

Coysevox reçut le surnom du Vandeick de la sculpture, parce qu'il réussissait dans les portraits. On a de lui une statue de la *Garonne*, une *Hamadryade*, un *Faune jouant de la flûte*, une *Vénus accroupie*, les *Tombeaux de Mazarin et de Colbert*. Il entreprit un grand nombre de bustes. Son ciseau est facile et savant.

Les deux Marsy travaillèrent au bassin de Latone, à Versailles; Buister, de Bruxelles, sculpta, pour les mêmes jardins, un groupe de *Satyres*, une *Flore*, un *Joueur de tambour de basque;* Duquesnoy, Sarrasin, le Bernin, se firent un nom par des statues.

assez remarquables pour cette époque ; mais dont la connaissance approfondie de l'antique a depuis démontré le peu de véritable grandeur et de beauté.

La gravure suivait une marche plus heureuse. La plupart des peintres italiens et flamands gravaient eux-mêmes leurs ouvrages. Callot se servit, le premier, des vernis durs pour la gravure à l'eau forte. Le Padouan, Goltzius, Tempeste, Sadeler, Gérard Audran, Edelinck, sont les plus célèbres graveurs de ce siècle.

L'art musical, sorti depuis long-temps de la barbarie chez les Italiens, se préparait à enfanter ces chefs-d'œuvres de mélodie que le climat, ou une heureuse organisation leur inspire, mais qui manquent souvent de force et de véritable expression. Paul Agostini faisait, pour l'église, de belles compositions à huit voix. Le Buononcini, l'Ariosti, mettaient dans leurs ouvrages un chant agréable et développaient de profondes connaissances dans la théorie du contre-point. Jules Caccino avait le bonheur de voir ses productions assez estimées pour être regardées comme classiques. Perti introduisait dans le chant d'église une harmonie mâle et féconde, arrangeait les parties avec beaucoup d'art, et formait le père Martini, l'un des musiciens les plus instruits de l'Europe. Carissimi, par un style pur et savant, se plaçait au rang des bons modèles pour ceux qui étudient la composition. Monteverde, de Crémone, faisait un nouvel usage des dissonnances et débarrassait la musique d'une foule de règles inutiles et sévères, qui portaient obstacle à la variété et à la vigueur de l'harmonie. L'évêque de Spire, Stéphani, publiait un intéressant ouvrage sur la certitude des principes de la musique.

Les chansons, ou madrigaux, avaient long-temps régné d'une manière exclusive, lorsque les mascarades imaginèrent de représenter des jeux accompagnés de musique. Plusieurs acteurs des tragédies du seizième siècle, comme les grands-prêtres et les prophétesses, chantèrent bientôt au lieu de parler, et ce fut ainsi que l'accord des sons et des paroles s'introduisit sur le théâtre. Cette licence s'étendit en peu de temps à la totalité de la pièce, et Rinuccini composa, pour la première fois, un opéra de *Daphné*, que Jacques Peri mit en musique et que l'on joua en 1597. Manelli est aussi l'auteur du premier ouvrage de ce genre, représenté à Venise. Castro Villari traita, avec succès, la composition théâtrale à une époque où cette science était encore nouvelle. Ferrari perfectionna le genre lyrique, en faisant lui-même les vers et la musique de ses opéras. Sartorio, Colonna, Rossi, Legrenzi, Rovetta, Sabbadini, Cavalli, Draghi de Ferrare, travaillèrent pour le théâtre. Ils conservent encore une partie de la réputation qu'ils obtinrent.

Louis XIII aima beaucoup la musique et composa même des chansons. Mazarin en inspira le goût à Louis XIV, en lui faisant connaître les opéras italiens; et, peu de temps après, Lambert osa mettre en musique un opéra français. Il fut créé directeur des spectacles de la cour. Mais le talent de Lully éclipsa bientôt celui de Lambert, et Lully obtint le privilége de l'Académie Royale. Il fit quelques innovations dans son art, y introduisit de belles fugues, employa savamment les dissonnances, étendit l'empire de l'harmonie, et comme la basse n'avait été, jusqu'alors,

qu'un simple accompagnement, il fit chan-
ter toutes les parties de la même manière
que le dessus.

Le chant français reçut quelqu'expression par la flexibilité de l'organe de Lambert; ce n'était guère que du plain-chant
avant ce musicien, qui, s'attachant à une
déclamation raisonnée des paroles, lui donna de la grâce et de la justesse. Bernier,
maître de la Chapelle du roi, forma une
bonne école où il enseigna sévèrement
les principes du contre-point et de la fugue,
prise dans toutes ses combinaisons. Lalande
mit dans ses fugues un mouvement plus vif
et les entremêla de symphonies agréables.
Ses motets lui valurent une grande réputation; on dut à René Descartes un *Abrégé
de la musique*. Les cantates de Clairam-
bault, directeur des concerts de Mme. de
Maintenon, eurent des succès. Colasse,
imitateur servile de Luili, Charpentier,
élève de Carissimi, Bousset, Desmarets,
Campra, balancèrent la renommée des
musiciens de l'Italie, qui devait, en peu
d'années, surpasser celle des Français, et
les obliger enfin à sortir des limites qu'ils
s'étaient assignées.

SEIZIÈME PÉRIODE.

**Dix-huitième siècle. — De la mort de Louis XIV
à la révolution française.**

CETTE période, qui s'était presqu'écoulée
sans événements remarquables, a été ter-
minée par une catastrophe terrible, dont
on a imputé les causes et les malheurs à la
marche même de l'esprit humain, à une
application désordonnée de ses facultés,
à la publication irréfléchie des nouvelles
opinions qu'il fondait sur le progrès de ses
connaissances. Les témoins de cette révolution, ses acteurs, dans tous les partis,
existent encore; ceux qui partagent, ceux
qui combattent les opinions politiques ou
philosophiques des écrivains de cette époque, étendent leurs jugements opposés sur
presque toutes les branches de la littérature, et ne les considèrent qu'avec passion,

les abaissant au-dessous de la médiocrité, ou les élevant au-dessus des plus sublimes conceptions connues. Il est difficile, peut-être impossible, de tracer en ce moment, avec impartialité, l'histoire des sciences et des lettres dans le dix-huitième siècle. Ce siècle est encore debout tout entier, et ne tombera dans le domaine de la postérité qu'après l'extinction de la génération présente.

Loin d'entreprendre une tâche si épineuse, nous mesurerons notre marche à notre faiblesse, et nous nous bornerons à réunir les éléments d'après lesquels on peut se former un jugement sur l'esprit général du siècle, le comparer à celui des temps écoulés, et lui assigner une place immuable dans l'histoire. Heureux si nos efforts peuvent épargner quelques veilles à ces génies qui n'ont besoin que de matériaux pour élever de vastes et glorieux monuments!

La découverte de l'analyse infinitésimale produisait une révolution totale dans la manière d'envisager et de raisonner les sciences exactes. Newton existait encore au commencement du siècle, et publiait un *Traité des Quadratures des Courbes,*

18e. siècle.

SCIENCES EXACTES.

où il donnait les premiers principes de l'analyse des équations différentielles, traité auquel on reprocha de ne pas indiquer les moyens de les intégrer, quoique la théorie du calcul intégral eût déjà fait de grands progrès à cette époque. Il enseigna aussi une méthode différentielle qui avait pour objet de trouver les coëfficients linéaires d'une équation satisfaisant à autant de conditions qu'il y a de coëfficients.

Manfredi, Nicolas Bernoulli, Parent, Herman de Basle, se distinguèrent par leurs découvertes dans l'analyse infinitésimale. La théorie des tangentes aux points multiples des courbes fut éclaircie par Saurin. Taylor se mit au rang des plus grands mathématiciens par son livre intitulé *Methodus incrementorum directa et inversa*. Roger Cotes, Jean Bernoulli, donnèrent les éléments de la théorie de l'intégration des fractions rationnelles. Herman, Pemberton, Taylor, les Bernoulli, résolurent le problême des trajectoires orthogonales et celui des trajectoires réciproques. Moivre et Raymond de Montmort firent paraître les premières observations sur le calcul des probabilités, et Moivre y appliqua, d'une

manière très-ingénieuse, la théorie des
suites récurrentes. Taylor, et après lui,
Nicole, publièrent les éléments du calcul
aux différences finies; mais les formules de
ce genre de calcul, sur lequel d'ailleurs de
grands géomètres ont écrit d'excellents
mémoires, sont plus compliquées que celles
du calcul aux différences infiniment petites,
et celui-ci, conséquemment, lui doit être
en général préféré.

En perfectionnant l'analyse infinitésimale, on s'occupa surtout de l'intégration
des équations différentielles de tous les ordres, but que l'on ne pût atteindre complétement; mais on trouva un grand nombre de cas particuliers où les équations sont
intégrables par les quadratures des courbes.
Jacques Riccati et les Bernoulli augmentèrent leur réputation par plusieurs belles
découvertes en ce genre; Euler, surtout,
déploya toutes les ressources de son génie
et de la science la plus profonde dans l'intégration des équations séparées, dont les
deux membres réunis n'étant pas intégra-
bles, chacun en particulier forme cependant un tout absolument susceptible d'intégration; il résolut, en outre, le problème

de la courbe, tautochrone dans un milieu résistant comme le quarré de la vitesse. Fontaine imagina, pour le même problême, une méthode qui satisfaisait à tous les cas proposés jusqu'alors; Euler donna d'ingénieux développements à cette méthode ; d'Alembert et un illustre mathématicien(1) de nos jours s'en occupèrent pour les cas généraux, et enrichirent la science de découvertes intéressantes.

Euler reconnut, le premier, les conditions par lesquelles on s'assure si une équation quelconque est immédiatement intégrable, ou si elle doit être soumise à une opération préparatoire pour le devenir. Clairaut, qui avait publié, dès l'âge de seize ans, de savantes recherches sur les courbes à double courbure, et à qui l'Académie avait ouvert son sein à dix-huit, travailla aussi à cette théorie ; et, quelques années après, Condorcet lui donna une grande extension par des méthodes simples et directes. Euler fit paraître un ouvrage profond sur les *maxima et minima*, où il con-

____

(1) M. La Grange.

sidéra le problême des isopérimètres dans le sens le plus étendu. La méthode des variations, une des plus belles inventions modernes, et dont le savant auteur jouit encore de la gloire qu'il s'est acquise (1), débarrassa la théorie d'Euler de toutes les considérations géométriques qui la gênaient, et en rendit les solutions entièrement analytiques. Fontaine et Borda se distinguèrent dans la même carrière.

Les équations différentielles qui admettent des intégrales particulières occupèrent aussi l'attention d'Euler; il en expliqua la nature, et fournit une méthode générale pour s'assurer si une expression finie, satisfaisant à une équation différentielle proposée, doit ou non faire partie de l'intégrale complète sans connaître cette intégrale. La liaison qui existe entre les intégrales complètes et particulières a été démontrée depuis, et l'on a fait voir (2) que les intégrales particulières sont toujours comprises dans une équation finie où le

---

(1) M. La Grange.

(2) M. Le Gendre.

III.   8

nombre des constantes arbitraires est moindre que dans l'intégrale complète.

Le milieu du dix-huitième siècle vit éclore une découverte dont l'utilité et les applications n'ont pas de bornes, le calcul intégral aux différences partielles, dont l'objet général est de trouver l'équation qui satisfait à une équation différentielle proposée en connaissant seulement la relation qui existe entre les coëfficients différentiels. Les premiers éléments en parurent dans les mémoires d'Euler. D'Alembert en fit usage dans son ouvrage sur la cause des vents, et l'employa à la solution générale du savant problême des cordes vibrantes, que Taylor avait déjà considéré pour un cas limité. Cette importante application donna lieu à Euler d'envisager ce calcul dans toutes ses parties, d'en déterminer la nature et d'en développer la théorie, ce qu'il fit pour des cas très-étendus, et en se servant de transformations extrêmement ingénieuses. Quelque temps après parut une méthode pour ramener au calcul intégral ordinaire l'intégration des équations aux différences partielles du premier ordre, entre un nombre quelconque de variables, lorsque ces différences ne sont que linéaires ; on appliqua celte méthode au problême des trajectoires orthogonales (1) ; et plusieurs géomètres, qui travaillèrent sur la même matière, l'avancèrent vers sa perfection (2).

Une foule d'ouvrages élémentaires mirent la science à la disposition de tous les hommes. Le père Reynau essaya, par son livre de l'*Analyse démontrée*, de faire pour le calcul intégral ce que le marquis de l'Hôpital avait fait pour le calcul différentiel, et son ouvrage resta long-temps le guide des étudiants ; Maclaurin démontra rigoureusement, dans un *Traité des Fluxions*, les principes du calcul différentiel et intégral, et résolut, avec beaucoup d'élégance, un grand nombre de problêmes curieux et utiles. Cramer se distingua par une *Introduction à l'Analyse des courbes algébriques ;* Bezout, par un savant ouvrage sur la résolution générale des équations, et la méthode de réduire les équa-

____

(1) M. La Grange.

(2) MM. La Place, Monge, Trembley, etc.

tions au plus petit nombre possible; il publia aussi un *Cours de Mathématiques* estimé. Euler rassembla en un corps de doctrine toutes les découvertes dont s'enrichissait la science analytique, les développa, les éclaircit, les présenta sous la forme la plus commode et la plus lumineuse, et y joignit une foule de théories nouvelles.

Le savant ouvrage intitulé *Théorie des Fonctions analytiques* (1), dégagea le calcul différentiel de la métaphysique des infiniment petits et leva la plupart des difficultés qui se présentaient dans le calcul infinitésimal. Des méthodes générales, du même auteur, portèrent un nouveau jour sur les diverses branches de l'analyse ordinaire, et son *Traité de la Résolution des Équations numériques* ne laissa rien à desirer.

Les progrès de la mécanique suivaient à grands pas ceux de l'analyse. Euler publia toute la théorie du mouvement rectiligne et curviligne des corps isolés soumis à l'action de forces accélératrices quelcon-

---

(1) Par M. La Grange.

ques, soit dans le vide, soit dans un milieu
résistant. Ses méthodes, entièrement analytiques, sont aussi élégantes qu'on pouvait
l'attendre de ce savant géomètre. Herman
employa la marche de la synthèse dans sa
Phoronomie, où il développa les objets
dont il s'occupait avec trop peu de précision. Maclaurin eut l'idée de décomposer
les forces et les mouvements en d'autres
forces et d'autres mouvements parallèles à
des axes fixes, de position donnée dans
l'espace, ce qui facilita la solution de plusieurs problêmes. Jacques Bernoulli ramena
aux lois ordinaires de la statique, et cela de
la manière la plus rigoureuse et la plus évi-
dente, le problême des centres d'oscillation
et de percussion dont Huyghens avait donné le principe, que l'on nomma principe
de la conservation des forces vives. L'excellent *Traité de Dynamique*, de d'Alembert, généralisa cette méthode et réduisit
tous les problêmes de dynamique à de simples problêmes de statique; ce grand homme
s'occupa aussi de la théorie des axes principaux de rotation.

On fonda, sur le principe des vitesses
virtuelles, un très-beau *Traité de Méca-*

18e. siècle.

nique analytique (1), et l'on y inséra des formules générales pour exprimer les conditions de l'équilibre entre un nombre quelconque de forces, ce qui manquait à la dynamique de d'Alembert. On démontra, dans un autre *Traité de Mécanique* (2), que si dans un système de corps, tous ces corps décrivent, semblablement et dans le même temps, des lignes droites situées, ou non, en un même plan, le centre de gravité décrit semblablement et dans le même temps, une ligne droite, ou demeure en repos.

Le *Traité d'Hydrodynamique*, de Daniel Bernoulli, soumit à un calcul général et rigoureux la théorie de l'écoulement des fluides par des orifices quelconques, en y appliquant le principe de la conservation des forces vives. Cet ouvrage est une des plus belles productions mathématiques du dix-huitième siècle. D'Alembert perfectionna encore cette science dans son *Traité de l'équilibre et du mouvement des fluides*, ainsi que son *Essai sur leur résistance*, où

____

(1) M. La Grange.
(2) M. Bossut.

il donna des formules pour représenter les mouvements d'un point fluide dans un sens quelconque, et détermina les lois de la résistance des fluides par celles de leur équilibre. Euler les réduisit en formules générales et uniformes, et comprit toute la théorie du mouvement des fluides en deux équations différentielles du second ordre. Il parut plusieurs bons mémoires sur cette matière, et toutes les parties de l'hydraulique pratique furent réunies dans un savant *Traité d'Hydrodynamique*, où l'on décrivit les expériences faites en grand sur la résistance des fluides (1). Jean et Daniel Bernoulli, Euler, Bouguer, et quelques autres géomètres, appliquèrent, avec succès, les principes de la mécanique et de l'hydrodynamique à la manœuvre des vaisseaux et à leur arrimage.

L'astronomie acquit de nouvelles et vastes lumières dans ce siècle. Louville appliqua le calcul analytique à la théorie de la lune. En 1751, la Caille détermina, au Cap de Bonne-Espérance, la parallaxe ho-

18e. siècle.

---

(1) Par M. Bossut.

rizontale du soleil et la distance de cet astre à la terre, par le moyen des parallaxes de Mars et de Vénus; il calcula aussi la parallaxe horizontale de la lune, en ayant égard à tous les éléments qui rendaient cette observation si difficile. Dominique et Jacques Cassini, son fils, construisirent et avancèrent vers la perfection des tables de réfractions astronomiques, l'un des phénomènes dont la loi constante est la plus difficile à assigner avec certitude, en la dégageant de toute supposition. Bouguer. Taylor, Jean et Daniel Bernoulli, traitèrent la partie théorique de ce problême de la manière la plus satisfaisante. La Caille construisit une table estimée de ces réfractions, d'après les observations qu'il avait faites. Les anglais Bradley et Thomas Simpson, trouvèrent des formules assez simples pour les divers cas de la réfraction.

Bradley était un savant géomètre et un excellent observateur. Il reconnut, après de nombreuses expériences, que l'aberration apparente des étoiles fixes est produite par la combinaison du mouvement progressif de la lumière et du mouvement annuel de la terre, et il expliqua ainsi, avec la plus grande justesse, tous les mouvements d'aberration qui, depuis si long-temps, étonnaient les astronomes. Clairaut contribua aux progrès de cette partie de l'astronomie et en appliqua la théorie aux mouvements des planètes et des comètes ; Bradley calcula encore le mouvement de nutation de l'axe de la terre.

Au milieu du dix-huitième siécle on s'occupa de déterminer la figure de la terre plus exactement qu'on ne l'avait fait jusqu'alors. On envoya Bouguer, Godin et la Condamine, au Pérou, pour mesurer un degré du méridien terrestre. Camus, le Monnier, Clairaut et Maupertuis, se rendirent en Laponie, et le résultat des travaux de ces astronomes fut que la terre a la forme d'un sphéroïde elliptique, aplati à ses extrémités. Bouguer écrivit, sur cette matière, un ouvrage extrêmement intéressant. Les observations modernes ont confirmé la presque généralité de celles qui furent faites dans cette opération.

Newton et Huyghens avaient essayé de démontrer la figure de la terre par la théorie, mais ils étaient loin d'avoir complétement résolu ce problème. Le génie de Newton seulement lui avait enseigné que cette figure devait être un ellipsoïde un peu aplati. Maclaurin résolut le problême dans toute sa généralité, en s'occupant des phénomènes du flux et du reflux de la mer, et parvint, par une suite de savantes considérations, aux mêmes résultats que Newton avait entrevus. Clairaut examina la question et y déploya une grande sagacité. D'Alembert publia d'excellents mémoires, tant sur la loi des densités du sphéroïde terrestre que sur les diverses conditions de l'équilibre auxquelles cette loi est assujétie. On fit aussi l'application de la théorie générale de la figure de la terre, au soleil et aux planètes.

Euler et Daniel Bernoulli examinèrent, comme Maclaurin, le phénomène du flux et du reflux de la mer et l'attribuèrent, avec raison, aux attractions de la lune et du soleil combinées avec le mouvement de rotation de la terre autour de son axe.

Le problême des perturbations célestes ou des trois corps, qui consiste à déterminer les courbes que décriraient trois corps lancés dans l'espace et s'attirant mutuellement en raison composée de la masse et

du carré inverse de la distance, ainsi que
toutes les circonstances du mouvement de
ces corps, devint l'objet des recherches et
des travaux des plus grands géomètres de
ce siècle. Euler calcula d'abord ces perturbations d'une manière assez précise, mais
ses solutions étaient extrêmement compliquées; il y travailla de nouveau et rendit
ses formules plus simples et plus facilement
comparables aux résultats des observations.

Clairaut et d'Alembert s'attachèrent à la
théorie de la lune, et donnèrent, par des
méthodes différentes, la loi de ses perturbations; Euler s'en occupa aussi et parvint
à des résultats pareils. Il construisit des
tables lunaires très-simplifiées et fort estimées. Des astronomes ont assuré qu'il était
devenu aveugle lorsqu'il entreprit ce travail immense.

D'Alembert reconnut que la solution que
Newton avait donnée du problême de la
précession des équinoxes, était insuffisante,
ainsi que la manière dont il avait déterminé
le mouvement de nutation de l'axe terrestre; il proposa donc de nouvelles méthodes
beaucoup plus directes et plus exactes, et

18e. siècle.

parvint à deux équations différentielles du second ordre, dont les intégrales, en termes finis, représentent le mouvement de la précession et celui de la nutation. Il trouva aussi le rapport de la masse de la terre à celle de la lune, par un raisonnement tiré des mêmes considérations.

Les Cassini, père et fils, publièrent des explications assez exactes du mouvement de libration de la lune. On donna, quelques années après, une élégante théorie de ce phénomène et de tous ceux qui en font partie, en traitant ce sujet de la manière la plus générale et la plus directe (1).

La cause des inégalités dans le mouvement de la terre, fut assignée par Euler et complétée par Clairaut, qui eut égard aux perturbations causées par la lune, ce qu'Euler avait négligé. Le fils de cet homme célèbre écrivit de très-intéressantes observations sur l'accélération du mouvement moyen des planètes ; et la théorie du mouvement des comètes fut éclaircie par Clairaut et d'Alembert. Il paraît que les mé-

____

(1) M. La Grange.

thodes fournies par ce dernier eurent de
grands avantages sur celles de Clairaut,
principalement à cause de leur simplicité
et de la facilité avec laquelle elles conduisaient au but qu'on se proposait.

On poursuivait toujours les recherches
sur la perturbation des corps célestes, et un
géomètre illustre (1), dans un des plus
beaux ouvrages qui aient paru sur le système du monde, montra, en s'occupant
de la théorie des satellites de Jupiter, comment il faut traiter ces sortes de questions.
Il travailla aussi aux divers mouvements
de la lune, et, généralisant tout ce que l'on
pouvait dire sur le problême des perturbations célestes, il s'éleva aux considérations les plus sages et les plus justes sur les
approximations qu'il était possible d'obtenir. Il parut encore une théorie complète
du mouvement des satellites de Jupiter, où
l'on expliquait l'équation séculaire de la
lune par l'action du soleil sur ce satellite,
combinée avec la variation de l'excentri-
cité de l'orbite terrestre (2). Bailly donna

---

(1) M. La Grange.
(2) Par M. La Place.

des observations sur la lumière de ces satellites, et mit au jour l'*Histoire de l'Astronomie ancienne et moderne*, et celle de
l'*Astronomie indienne et orientale.* Plusieurs auteurs publièrent des mémoires
importants sur les perturbations des comètes.

Newton, qui avait tout aperçu et presque
tout approfondi, avait jeté les bases de la
science de la lumière et de l'optique, en
soumettant au calcul les lois de la réfraction et de la réflexion. Euler, Dollond,
Clairaut, s'occupèrent de cette matière.
Bouguer et d'Alembert écrivirent des observations extrêmement justes et d'une
fréquente application sur l'optique, la diop-
trique et la catoptrique. On construisit des
lunettes achromatiques où l'aberration de
sphéricité et de réfrangibilité se trouvait
corrigée par de savantes combinaisons. On
perfectionna les instruments astronomiques, ceux qui servent à la navigation,
ceux que l'on emploie aux mesures terres-
tres, etc. Il resta enfin peu de problêmes
d'optique qui ne fussent examinés sur toutes les faces, et considérés dans la plupart
des applications dont ils sont susceptibles.

On publia, dans les dernières années de la période que nous parcourons, un grand nombre d'écrits utiles sur toutes les parties des mathématiques pures et mixtes. Leurs auteurs existent encore, et il ne nous appartient pas de les juger. Leurs productions feront sans doute honneur au siècle; mais on peut, sans craindre de se tromper, garantir ce succès à un *Traité de Mécanique Céleste* (1), un des livres les plus complets et les plus savants qui aient paru sur l'astronomie physique, dont toutes les questions y sont approfondies avec le plus rare talent; ouvrage rempli de méthodes ingénieuses, de vues nouvelles, et digne de former époque dans la science, comme les sublimes conceptions de Newton.

Presque tous les grands esprits du dix-huitième siècle se livrèrent à l'étude des sciences qui ont pour objet l'homme et la nature. On acquit, en peu d'années, un nombre prodigieux de faits importants. On essaya de repousser, par la marche froide

____

(1) Par M. La Place.

et réservée de l'analyse, les écarts de l'imagination, les vues hasardées, les systèmes
trompeurs et les fausses hypothèses enfan-
tées par l'ignorance, l'amour du merveilleux et l'orgueil.

La doctrine des monades de Leibnitz,
miroirs vivants de l'univers, le système des
atômes et celui de la préexistence des âmes,
modifiés l'un par l'autre, et développés par
Wolf, étaient généralement adoptés en Allemagne, comme les principes de Descartes en France. Fontenelle, qui tenait à ces
dernières idées, s'était fait une réputation
de philosophie ou plutôt d'esprit fort, par la
publication de son *Histoire des Oracles,*
extraite d'un lourd et volumineux ouvrage
du hollandais Van Dale. Il y combattait le
principe reçu dans les écoles, que le dé-
mon avait dicté les oracles des divinités
payennes; et il prouvait qu'ils étaient dus
seulement à l'imposture des prêtres. Ce
petit traité, purement et méthodiquemeut
écrit, émettait quelques idées hardies pour
le temps, et donnoit ouverture à en publier
d'autres; mais Fontenelle, trop prudent
pour se hasarder ainsi, soutenait peu ses
opinions, et le cas qu'il en faisoit n'allait

pas jusqu'à le déterminer à entrer en lice afin de les défendre. Il disait que s'il avait la main pleine de vérités, il hésiterait à l'ouvrir et à les communiquer aux hommes; et cette réserve peut faire croire que, quoiqu'il soutint hautement la doctrine des idées innées, favorable aux dogmes de la religion chrétienne, il avait secrètement adopté celle qui reconnaît dans la sensation la source des opérations de l'entendement. Quelques raisonnements que l'on trouve dans ses ouvrages tendent à le prouver, et il a dit en propres termes qu'à force d'opérer sur les idées, d'y ajouter, de les comparer, de les rendre universelles, on est parvenu à méconnaître leur origine, mais qu'en suivant avec soin leur enchaînement, on finit par s'apercevoir qu'une idée sensible et grossière a toujours été la source de l'idée la plus sublime.

Le système de Locke ne tarda pas à devenir celui de tous les métaphysiciens français; on le soutint par toutes les forces de la logique; il donna lieu à de fécondes applications, et en le commentant, on travailla à développer toute la génération des connaissances humaines.

III.   9

Condillac se montra disciple zélé de Locke, et reproduisit sa doctrine, mais avec beaucoup plus de précision. Il vit d'abord la source des idées dans la sensation. Il exposa comment l'idée abstraite, qui n'a de réalité que dans notre esprit, dérive de l'idée totale de chacun des individus à qui elle convient. Il enseigna la relation qui nous conduit des effets que nous voyons aux causes qui nous sont cachées, de l'idée du mouvement à celle de force, de l'idée de l'univers à celle d'un Dieu, et de la sagesse des lois qui maintiennent l'univers à l'idée de perfections divines. Il établit que les idées de moralité, de vice et de vertu, sont des habitudes, des conventions, mais non pas arbitraires; que nous les avons faites, mais que la nature ne nous laissait pas le pouvoir de les constituer autrement. Toutes nos facultés sont enfermées dans la faculté de sentir. L'attention n'est que la sensation exclusive que produit sur nous un objet; l'attention donnée à deux objets produit la comparaison; le jugement n'est que l'observation de leurs parties analogues ou de leurs différences; la réflexion une suite de comparaisons et de jugements;

l'imagination la faculté de rassembler en un seul objet, au moyen de la réflexion, des qualités réparties en plusieurs, et de s'en faire des images qui n'ont de réalité que dans notre esprit. Le raisonnement est l'action de déduire un second jugement d'un premier qui en contient les éléments. Ainsi tout, en nous, se rapporte à la comparaison ; celle-ci n'est qu'une sensation , et conséquemment la faculté de sentir enveloppe toutes les facultés de l'esprit humain.

Tels sont les principes qui forment la base des ouvrages de Condillac. Il débuta par un *Essai sur l'origine des connaissances humaines*, où il exposa , avec beaucoup de talent, la manière dont les idées s'assemblent, se réunissent , se lient entre elles, et il montra les résultats de cette réunion, d'où dépendent, et nos connaissances réelles, et nos préjugés , qui nous paraissent souvent des maximes, des règles incontestables. Il mit une grande sagacité à démêler , dans sa théorie des signes et du développement de leurs effets, l'influence que les mouvements, les gestes, les cris ou le langage d'action , durent avoir, dans les sociétés primitives, sur le langage articulé, et celle

18ᵉ. siècle.

qu'aurait un langage perfectionné sur la manière de sentir et de concevoir, et sur les progrès de l'esprit humain. Il établit que toutes les connaissances humaines étant formées d'idées composées, il n'existerait aucune science sans le secours des signes qui, réunissant un certain nombre d'idées simples, rendent l'esprit capable d'en considérer plusieurs à la fois, et il en tira la conclusion que nous ne pensons qu'avec des mots.

Condillac consacra son *Traité des Systèmes* à prouver qu'il ne peut y avoir de saines théories en métaphysique, que celles qui sont fondées sur une suite d'observations et de faits indubitables, et que l'on n'arrive qu'à l'erreur, lorsqu'après avoir établi des hypothèses, on cherche à y ramener tous les phénomènes. Le *Traité des Sensations* est un développement ingénieux du principe contraire aux idées innées; on y examine comment les sensations fournissent les idées, et comment elles se rectifient par l'intervention du toucher, sens général, dont les autres ne sont que des modifications.

Son *Cours d'Etude*, qui renferme la

grammaire, la logique, la rhétorique, l'art de penser, et l'histoire générale, est un ouvrage digne d'un sage et d'un des plus profonds penseurs dont la France puisse se glorifier. Le style de Condillac est clair, précis, et a toute l'élégance convenable aux matières abstraites qu'il a traitées.

D'Alembert prit aussi la doctrine de Locke pour base de la classification encyclopédique. Il écrivit que nos connaissances directes venant des sens, nous devons toutes nos idées à nos sensations, qui nous apprennent d'abord notre existence et ensuite celle des objets extérieurs. Il traça le développement de nos idées sur le plaisir et la douleur, d'où l'esprit humain parvient à la connaissance des êtres qui lui sont semblables et au désir de la société ; aux notions des devoirs réciproques qui la forment et qui la maintiennent ; aux idées du juste et de l'injuste, à la pensée d'un être suprême et à l'espoir d'un avenir. Cette méthode, appliquée à la génération des connaissances mathématiques et à celle des sciences naturelles, plaça tout le système de nos idées entre deux limites, l'idée de nous-mêmes et la partie des mathémati-

18e. siècle.

tiques, qui a pour objet les propriétés générales des corps, l'étendue et la grandeur.

La seule pensée de l'*Encyclopédie*, qui devait renfermer toutes les sciences humaines depuis leur origine, montrer la route que l'on avait suivie pour parvenir à leur perfection, et le but que l'on avait atteint, était un trait de génie. Le plan de cette immense entreprise fut conçu par Diderot, et d'Alembert se chargea d'en écrire la préface, chef-d'œuvre dont le ton noble, simple et soutenu, a toute la dignité qui convient à un ouvrage destiné à tracer l'histoire des progrès de l'esprit humain. A cette époque, déjà la licence des opinions et des doctrines répandues dans beaucoup de livres, commençait à effrayer le Gouvernement, qui craignit que l'*Encyclopédie* ne fût destinée à les recevoir, à les étendre et à en faciliter la propagation. Il est probable que les Encyclopédistes n'avaient pas ce projet ; mais dès qu'on eut l'air de les redouter, et qu'on apporta des obstacles à leur entreprise, ils se regardèrent comme des hommes persécutés pour leurs idées libérales, et ils mirent peu de ménagement

dans l'expression et le développement de
leurs pensées.

Il eût été facile au Gouvernement d'avoir
une influence entière sur l'esprit de cet ouvrage, en s'en déclarant le protecteur; mais
on n'y songea pas. On ne réfléchit pas qu'en
supposant aux auteurs de l'*Encyclopédie*
l'intention de sapper la religion chrétienne
dans ses fondements, et de détruire la
vieille autorité des lois et des principes
constitutionnels de l'État, les opinions qui
conduisaient à cette supposition avaient
été depuis plusieurs années émises dans une
foule d'écrits plus à la portée du commun
des hommes que des volumes in folio; on
ne remonta pas à la source du mal que l'on
redoutait, et l'on ne vit pas que des ouvrages méthodiquement conçus, où tous
les chapitres forment le développement
suivi des principes énoncés dès les premières pages, sont infiniment plus dangereux
que des articles séparés, qu'il faut chercher
avec peine, et qui n'ont souvent ni unité
ni liaison.

Mais l'*Encyclopédie* étant devenue une
affaire de parti, les écrivains qui en diri-
geaient l'exécution s'occupèrent beaucoup

moins de l'unité de pensée qui devait y régner et de la sagesse de l'ensemble, que d'assurer la protection qui leur devenait nécessaire : ce qu'ils firent en se choisissant des collaborateurs parmi tous les savants et les gens de lettres qui avaient de l'influence, quelle que fût leur manière de voir, certains que les sophismes qu'ils voulaient propager sous le nom de vérités, se glisseraient facilement à l'abri des sublimes et immortelles maximes de la morale et de la raison. Ils eurent aussi l'adresse de s'adjoindre des hommes du monde, qui ne résistèrent pas au vain fantôme de gloire que l'on fit briller à leurs yeux.

Ainsi marcha cette vaste entreprise, dont l'exécution ne répondit plus à la grande pensée qu'elle devait remplir. Les coopérateurs ne pouvant tous avoir le même talent, ni embrasser sous un même point de vue les objets qu'ils avaient à traiter, laissèrent échapper les plus fâcheuses contradictions. On exposa rarement les résultats avec précision et netteté, surtout quand on s'élança au-delà des faits naturels et des sciences positives. Les articles de philosophie, où règne cependant en général la doctrine de Locke et de Condillac, furent composés par des cartésiens, des volfiens, des théologiens, des matérialistes, bigarrure incroyable dans une matière de cette importance. On émit des opinions exagérées et sophistiques avec toute l'emphase de la présomption et de l'ignorance, et des hommes qui n'auraient jamais dû être appelés à travailler à cet ouvrage, y insérèrent des articles ou frivoles, ou ridicules, ou de mauvais goût. Les excellents morceaux de littérature par Voltaire, de métaphysique par le chevalier de Jaucourt, de grammaire générale par Dumarsais, de mathématiques par d'Alembert, de musique par J.-J. Rousseau, de logique par Condillac, ne dédommagent peut-être pas assez des erreurs, des déclamations, des disparates et des superfluités qui les accompagnent.

D'Alembert fut un des hommes les plus vertueux du siècle. Il refusa, en vrai philosophe et sans ostentation, l'éducation de l'héritier du trône de Russie, au moment même où il sollicitait en France une petite pension qu'on ne lui accordait pas. Il eut quelquefois en littérature des opinions pa-

radoxales; mais ses *Eloges académiques* et
ses *Eléments de philosophie,* lui méritèrent
une réputation aussi bien fondée que celle
qu'il avait acquise par sa préface de l'*Encyclopédie* et ses savants ouvrages de mathématiques

Diderot, le collaborateur de d'Alembert,
était doué d'une imagination bouillante et
désordonnée. Il avait débuté dans la carrière philosophique par une traduction ou
plutôt une imitation de l'*Essai sur le mérite et la vertu,* de lord Shaftesbury; il mit
ensuite au jour un roman assez médiocre,
mais fort obscène, qui fut suivi d'une bro-
chure hardie, intitulée *Pensées philosophiques,* où il prétendit qu'en admettant un
Dieu, on devait rejeter toute espèce de
culte public. Cet ouvrage, dont quelques
parties sont écrites avec éloquence, et une
*Lettre sur les Aveugles, à l'usage des gens
qui voient,* lui valurent d'être renfermé à
Vincennes. Il fit paraître, peu de tems après,
ses *Pensées sur l'interprétation de la nature,* ses *Principes de philosophie morale,*
où il mit autant d'emphase que de diffu-
sion et d'obscurité; un *Traité d'éducation
publique,* plein d'excellentes vues tracées

avec un style énergique et précis, et un *Code de la nature*, dans lequel il prêcha que l'égalité des biens doit être la seule base du bonheur commun. Il donna, comme une règle en philosophie, que toute expression qui ne trouve pas hors de nous un objet sensible auquel elle puisse se rattacher, est vide de sens, parce que tout étant venu dans notre entendement par la voie des sensations, tout ce qui en sort doit reprendre la même route ou être regardé comme chimérique. C'est le dogme du matérialisme, dans les termes les moins déguisés.

Plus on avançait dans le siècle, plus la doctrine des sensations prenait d'étendue, plus on arrivait à des applications que ses fondateurs n'avaient certainement pas prévues. C'est ainsi que Montaigne ayant adopté la devise sceptique *Que sais-je?* son disciple Charron avait cru dire beaucoup mieux en choisissant les mots : *Je ne sais.* Helvétius soutint que tout dans l'homme se réduit à sentir, et que les sens sont la dernière limite de tout, comme ils en sont le commencement. Il restreignit donc les facultés de l'homme à la sensibilité physique ou à la faculté de recevoir les impressions des objets, et il partit du principe que juger n'est que sentir, ce qui est absolument contraire aux définitions de Locke et de Condillac, qui voient dans le jugement une comparaison et conséquemment une action qui n'est pas une simple sensation. Il posa comme une des principales causes de la perfectibilité de l'homme, la forme de ses mains, et il oublia le don de la parole, cet avantage inappréciable qu'il a sur tous les êtres animés. Il assigna aussi l'ennui, qui n'est que la satiété des émotions et le désir d'en éprouver de nouvelles, comme cause de la tendance vers la perfection.

Sa métaphysique dérivant donc toute entière des sensations, sa morale dut être nécessairement fondée sur l'intérêt personnel ou l'amour de soi. C'était détruire les fondements qu'elle avait reçus jusqu'alors; et la rattacher à un sophisme malheureux qui montre ce que l'homme fait ordinairement, mais non pas ce qu'il doit faire, et d'où l'on pourrait déduire que lorsqu'il est de notre intérêt bien entendu de commettre une injustice, on peut la commettre par devoir et en toute conscience.

Helvétius cependant était un homme

bienfaisant, vertueux, de mœurs douces. Il ne voulait pas briser les liens du véritable bonheur de l'homme en société ; il prétendait au contraire les cimenter en remontant à leur origine, et peut-être qu'en bien considérant l'explication assez obscure qu'il a donnée de l'expression *amour de soi*, on trouverait qu'il n'a pas porté d'atteinte aux principes éternels de la morale ; mais la plupart des hommes ne peuvent voir dans ce mot que l'idée que l'on y attache ordinairement. Helvétius a de la correction dans le style, de la pompe, de l'éclat, et il fait usage des figures poétiques avec un grand succès.

La *Psycólogie* et l'*Essai analytique sur l'âme* par Bonnet de Genève, portèrent beaucoup de méthode et de sagesse dans l'histoire des opérations de l'entendement. Ce philosophe, qui partit des mêmes principes que Locke et Condillac, chercha toute sa vie à les rattacher aux opinions religieuses ; mais il eut le malheur de s'en écarter d'autant plus qu'il voulait s'en rapprocher. Il posa que l'âme n'étant connue que par ses facultés, ces facultés par leurs effets, ces effets par l'intervention du corps, il suit que la sensation seule est l'instrument des opérations de l'âme. Nous ignorons absolument la nature de l'âme, et nous ne savons ce qu'est une idée considérée dans l'âme : nous savons seulement que les mêmes idées répondent constamment à certains mouvements imprimés au cerveau par les objets. Ces mouvements sont les signes naturels des idées qu'ils excitent; c'est l'union, la loi établie par le créateur, et qui est impénétrable à notre faiblesse.

C'est ainsi que l'on raisonnait en Angleterre et en France, lorsque le métaphysicien Kant vint, par sa *Critique de la raison pure*, attaquer les principes de Locke et de Condillac, et changer en Allemagne la direction des esprits attachés encore à la doctrine de Leibnitz.

La philosophie critique ne s'arrête pas dans le doute comme le scepticisme ; mais elle porte l'analyse dans l'entendement humain, dans la faculté pensante, afin de remonter à la formation de toute connaissance, et elle se livre à la recherche des moyens par lesquels se forment les systèmes. Cette philosophie, entièrement rationnelle, n'admet aucune notion primitive

fournie par l'expérience, mais des conceptions purement intellectuelles; elle recherche ce qui peut être et doit être, sans ac-
ception d'aucun état de choses donné; elle
s'élance au-delà de toutes les conceptions
de qualités inhérentes à la matière, comme
existence , figure , pesanteur , etc. Elle
s'occupe de leur trouver un principe, et
conséquemment elle précède l'expérience.
On la divise en logique, métaphysique et
morale pures, ou en philosophie spéculative, quand elle a pour objet de donner les
lois du savoir, et en philosophie pratique,
quand elle a pour but de faire connaître
celles du devoir. Ainsi , d'après Kant,
Locke et Condillac en cherchant l'origine
de toutes les connaissances humaines dans
la sensation, sont restés à la surface du sol,
et n'ont pas pénétré jusqu'aux racines de
l'arbre dont ils voulaient démontrer la nature. Le problême qu'il résout se réduit,
en expression générale, à savoir s'il peut
y avoir une métaphysique, et, s'il y en a
une, comment et jusqu'où elle est possible.

D'Alembert avait entrevu quelque chose
de semblable, en disant, dans ses *Mélan-
ges*, que les premiers pas que fait la méta-

taphysique, ont pour objet de déterminer comment l'âme s'élance, pour ainsi dire, hors d'elle-même, pour s'assurer de l'existence de tout ce qui n'est pas elle; comment on conclut de nos sensations l'existence des objets extérieurs, si cette conclusion est démonstrative, et comment on parvient au moyen des sensations, à se former une idée des corps et de l'étendue.

Condillac avait dit que le premier objet de la métaphysique est l'étude de l'esprit humain, pour en connaître les opérations, l'art avec lequel elles se combinent, et comment nous devons les diriger. Mais de quelle manière trouver une première opération qui suffise pour expliquer toutes les autres? C'est la difficulté de son système, et, selon Kant, il n'est point parvenu à la vaincre.

Ce métaphysicien, mécontent de la philosophie qui prononçait qu'il n'y a de certitude que dans l'expérience, mais qui n'apprend pas pourquoi il y a de la certitude dans l'expérience, ni d'où procède cette certitude, et qui parle de temps, d'espace, de nombre, d'identité, de cause, abstractions qui ne peuvent être produites par la sensation, revint à la doctrine des idées innées, non comme idées des objets existants, mais comme dispositions innées à recevoir ces idées; ainsi que Leibnitz l'avait déjà écrit dans ses *Nouveaux essais sur l'entendement humain*. Le fondement de sa théorie consiste à envisager certaines lois générales comme résidant en nous et comme réglant et modifiant l'impression des objets perçus et connus par nous; en considérant que toute qualité constante et invariable dans la représentation des objets, ne leur appartient pas, mais à l'être qui reçoit la perception, et que la connaissance d'un objet et l'expérience d'un fait ne contiennent absolument rien que ce qui concerne cet objet ou ce fait. La théorie assise sur cette première base, se nomme le transcendentalisme; elle tend à démontrer l'influence de la nature de l'entendement sur la nature des connaissances.

Kant distingue deux genres de certitude; l'une analogique, qui dérive de l'expérience, et qui n'est telle en aucune circonstance qu'on ne puisse admettre quelque fait qui la contredise; l'autre qui porte avec elle une conviction irrésistible, comme

III.   10

18e. siècle.

sont les vérités des mathématiques pures, qui s'établit d'autorité, portant les caractères de l'universalité et de la nécessité absolue. Il la nomme apodictique; elle ne dérive pas de l'expérience qui ne peut fonder qu'une certitude analogique; et c'est sur elle que repose la philosophie transcendentale.

L'homme a une faculté de connaître, une *cognition*, une faculté de vouloir, une *volition*. Ces facultés intellectuelles ont leurs lois comme celles de l'organisation physique : il s'agit de les examiner. C'est cette recherche de principes fondamentaux que Kant a nommée critique de la raison pure et de la raison pratique. Il divise la *cognition* en trois facultés, la sensibilité pure ou la perception d'objets hors de nous, et la perception intérieure de nos différentes manières d'être, produite par la conscience de nous-mêmes; l'entendement pur ou la faculté d'établir des rapports entre nos perceptions; la raison pure ou la faculté par laquelle, après avoir usé des deux autres, nous nous représentons des objets dont la sensibilité ne peut nous fournir des modèles, Dieu, l'âme, l'éternité, etc.: la réunion de ces trois facultés forme l'*être cognitif*.

A la suite de plusieurs raisonnements
assez précis, Kant pose, pour condition
nécessaire de la perception des objets hors
de nous, la représentation de *l'espace* nais-
sant à l'occasion de la sensation et avec
elle, mais non pas d'elle, portant les caractères d'universalité et de nécessité absolue,
étant une qualité subjective, un de nos
modes de voir et *à priori*, et il indique,
pour condition de la sensibilité interne, *le
temps*, dont le sentiment existe en nous
indépendamment de toute perception,
forme dont notre sens interne revêt toutes
ses perceptions *à priori*, et même celle de
l'espace. De la condition de *l'espace* naît
la certitude apodictique des vérités géométriques, et de la condition du temps, la
certitude de la science des nombres. *L'espace et le temps* sont donc en nous. Nous
revêtissons tous les objets de ces deux formes, et nous ne pouvons même rien concevoir qui n'en soit à l'instant revêtu.

L'entendement pur détermine ce que
sont les objets perçus par rapport à eux,
par rapport aux autres objets, et par rapport au moi humain. Cette détermination
est le jugement ; elle a quatre formes prin-

18ᵉ. siècle.

cipales, la quantité, la qualité, la relation et la modalité, qui renferment chacune trois variétés distinctes, et qui constituent d'une manière indispensable l'organisation de l'entendement.

La raison pure est l'activité de l'esprit qui, modifiant les conceptions déjà données par la sensibilité et l'entendement, en tire des conceptions nouvelles, et y attache la condition de l'absolu, d'où viennent, 1°. L'idée d'unité simple, non divisible, sans parties, d'où la conception de l'âme humaine ; 2°. L'idée de la totalité absolue, d'où la conception de l'univers ; 3°. L'idée de la cause ou de la réalité absolue, d'où la conception d'une cause première ou d'un Dieu. Ces trois idées renferment toute la métaphysique.

Dans tout cela Kant ne reconnaît que l'homme qui se voit partout, et fait de ses propres vues les objets, la nature et l'univers ; il croit prouver que la raison spéculative ne peut donner l'idée de l'existence de Dieu telle que nous concevons l'existence, ni l'idée de sa non-existence indépendamment des spéculations humaines. L'homme seul est la mesure de toute chose,

comme l'avait dit Protagoras, dont Platon
nous a conservé les paroles, et Aristippe,
qui avait posé ce principe comme base de
son système. Kant affirme donc qu'une métaphysique établie par la raison spéculative
est impossible.

L'impossibilité d'une métaphysique étant
démontrée par l'examen des lois de la *cognition*, celles de la *volition* démontrent la
possibilité d'une morale, parce que si
l'homme n'a la connaissance d'aucun des
objets extérieurs en eux, au moins a-t-il
celle de lui-même, de son existence en lui.
Il se reconnaît comme être agissant; il produit lui-même les actes de sa volonté; il a
la conscience de sa liberté, de son libre-
arbitre; il est libre dans l'exercice de sa volonté. Dès lors il répond à lui-même de ses
actions; il est soumis à l'alternative de l'estime et du mépris; de là, la possibilité de
la morale; de là, les deux tendances de
l'homme vers le bien-être ou vers le bien,
vers le bonheur physique ou la vertu, principes et termes de tout système de morale.
Kant adopte les deux principes à la fois et
en les combinant, il en tire les deux maxî-
mes générales. *Regarde constamment et*

18e. siècle.

sans exception l'être raisonnable comme étant à soi-même son propre but, et non comme moyen pour autrui. Agis de telle sorte que le motif prochain ou la maxime de ta volonté puisse devenir une règle universelle dans la législation de tous les êtres raisonnables. C'est de l'application de ces deux principes que la raison pratique déduit la nécessité d'une nouvelle existence hors du temps et de l'espace où la contradiction présente entre la vertu et le bonheur se trouvera conciliée; la certitude de l'immortalité de l'âme et d'un Dieu, juge rémunérateur de la vertu, raison suprême, universelle, infinie, idée fournie par le secret même de la vie, et que ne peut plus détruire aucune démonstration spéculative.

Ce système, dans lequel le métaphysicien allemand s'est souvent servi des idées ds Leibnitz, sans peut-être se l'avouer à lui-même, fut attaqué par des hommes très-savants, dont les uns avaient vieilli dans l'école et les principes de Wolf; dont les autres, en conservant le même point de vue, cherchèrent une base plus solide, plus incontestable encore, à la doctrine de leur maître. Ces discussions partagent, en ce moment, les opinions des philosophes de l'Allemagne.

La connaissance du système de Kant ne s'introduisit que fort tard parmi les philosophes français, et d'abord son obscurité lui laissa peu de lecteurs et de partisans ; mais ayant été abrégé, éclairci et commenté, on s'est attaché à l'examiner, et l'un des plus illustres métaphysiciens de nos jours (1) a démontré le peu de réalité des deux principes fondamentaux de ce système , le temps et l'espace absolus et sans limites, idées privatives, négations qui ne sauraient exister dans la pensée.

Plusieurs auteurs du dix-huitième siècle écrivirent encore sur l'entendement humain. Les plus célèbres sont Hume et Berkeley. Hume adopta les principes généraux de Locke, mais il en différa sur plusieurs points ; il établit, par exemple, que les impressions sont innées parce qu'elles sont originelles, quoique les idées ne le soient pas. Berkeley, qui suivit en partie le sys-

____

(1) M. de Gerando.

tème de Malebranche, ne vit dans la nature que des esprits et point de corps, et ne regarda pas les sensations comme la source des connaissances humaines. Ce philosophe eut une grande réputation de vertu et de bonté. Baxter se rendit célèbre par ses recherches sur la nature de l'âme et son immatérialité.

Les moralistes et les publicistes de cette époque sont très-nombreux ; mais le noble dessein d'éclairer les hommes sur leurs devoirs ne fut pas le seul qui les anima, et l'on voit trop souvent, dans leurs plus belles productions, percer un esprit d'innovation, d'indépendance, de vanité, de haine pour l'autorité, tout en recherchant ses faveurs, qui montre la tendance générale du siècle, l'entraînement de tous les hommes vers le désordre et les révolutions ; mais nous n'avons pas, heureusement, à les considérer sous ce point de vue.

Vauvenargues est un des moralistes les plus distingués. Il avait l'intention de donner au public un ouvrage d'une immense étendue, un système complet de tout ce qui constitue le moral de l'homme, son esprit, ses passions, ses vertus et ses vices ; il en eût déduit la connaissance des devoirs des hommes entr'eux, des intérêts réciproques des sociétés et de leurs obligations envers Dieu ; c'eût été un traité général de morale, de politique et de religion ; mais la mort le surprit avant qu'il eût exécuté son vaste dessein, et il n'a donné que des fragments intitulés : *Introduction à la connaissance de l'esprit humain.* On ne peut donc juger cet ouvrage sur son ensemble, mais il est rempli d'idées présentées d'une manière neuve, de pensées ingénieuses, de maximes dignes de La Rochefoucault pour l'expression, d'aperçus profonds, tracés avec énergie, et qui indiquent, en général, une âme vertueuse, honnête, élevée, un sage, un véritable philosophe.

Dans ses *Considérations sur les mœurs,* Duclos donna des leçons utiles sous la forme de saillies. Cet ouvrage, qui renferme beaucoup de véritable esprit, est écrit d'un style concis propre à classer dans la mémoire des pensées pleines de raison et des observations sages et justes qui ne sont pas trop satiriques. Duclos peignit les mœurs en observateur sensé ; il ne se fit pas illusion sur les défauts de l'homme, mais il ne le rabaissa pas au-dessous de ce qu'il peut valoir, et il l'éclaira sur lui-même sans amertume ni dureté. Cependant, on ne trouve pas en lui ce coup d'œil sûr, cette étendue de conception qui caractérisent les écrivains du grand siècle; il ne pénétra pas fort avant dans le cœur humain, et il se contenta de décrire les nuances que les vicissitudes de la mode apportaient dans les habitudes et les relations de la société. Mais s'il n'eut pas un caractère marqué comme La Bruyère, comme Pascal, comme La Rochefoucault, il sut saisir avec vérité les mœurs du jour; il mit à les développer une finesse et une précision remarquables, et il eut assez de sagesse pour ne pas partager l'exagération des opinions du siècle.

Les *Lettres juives, chinoises, cabalistiques* du marquis d'Argens et sa *Philosophie du bon sens,* longs pamphlets contre la religion chrétienne écrits d'une manière faible et incorrecte, mais où l'on rencontre quelques bonnes réflexions et de l'instruction, lui procurèrent un moment de célébrité. Fréret se plaça par son scepticisme et son vaste savoir au rang des hommes remarquables. Son *Discours sur l'origine des Français* et son *Examen des apologistes du christianisme*, lui créèrent une réputation dans un siècle où il était de mode d'énoncer des opinions contraires aux institutions existantes. Boulanger, que l'étude des révolutions du globe avait conduit à l'examen des révolutions des empires et des religions, publia le *Christianisme dévoilé*, déclamation assez platte que sa hardiesse fit accueillir, où quelques pensées sages et profondes, mais rares, sont perdues dans un fatras de vaine érudition, et d'intolérance prétendue philosophique. Middleton se fit un nom par un *Discours sur les miracles* et un ouvrage où il voulut prouver que la religion chrétienne n'est autre que la religion des Païens. En général, ces écrivains avaient fort peu de connaissance des mœurs des hommes et des liens nécessaires de la société, en affectant d'en avoir beaucoup. Hugh Blair et Atterbury répandirent une excellente morale dans les sermons qu'ils donnèrent au public.

A la tête des publicistes de cette époque et parmi les hommes dont le génie se fraya des routes nouvelles, se présente Montesquieu, dont la plume retrouve souvent la liberté, l'énergie et la rapidité de Tacite. Cet illustre écrivain, qui n'aurait dû s'occuper que de grandes pensées, céda, malgré la sagesse de son esprit, à l'influence du siècle et débuta par les *Lettres persannes*, ouvrage entièrement composé dans le sens des opinions que l'on cherchait à propager, et d'autant plus dangereux que, sous le voile de la plaisanterie, de l'ironie, de la frivolité même, il effleura d'importantes questions de morale, de politique, de législation, et qu'il le fit avec cette tendance qui se manifestait de toutes parts, à ne ménager ni les institutions religieuses ni les conventions sociales.

Montesquieu, mûri par l'âge et la réflexion, écrivit son *Esprit des lois*, après les avoir long-tems étudiées en véritable philosophe. Il y examina tous les gouvernements dans la sagesse et dans l'abus de leurs institutions et rattacha les bases de la politique et ses détails à la connaissance des mœurs, des passions et des caractères généraux des peuples, sans s'égarer dans de vagues considérations ou d'impraticables théories. Cette vaste conception renferme des lumières nombreuses et décèle un ex-

cellent esprit qui avait pesé, pour toutes les
questions et maximes qu'il posait et discu-
tait, les raisons qui forcent à les admettre
et celles qu'on peut leur opposer. Si quelquefois on croit remarquer un défaut de
liaison entre les chapitres et les matières
que l'auteur embrasse avec toute l'étendue
et la supériorité du génie, c'est qu'il suppose une foule de connaissances et de réflexions préliminaires qui doivent y suppléer. Ses divisions générales paraîtront
d'autant plus exactes qu'on aura plus philosophiquement médité sur l'histoire des
nations et les événements des temps où
l'on a vécu; les développements en sont
extrêmement savants, pensés de la manière
la plus profonde, et ils confirment des principes politiques d'une justesse dont seront
frappés tous les hommes qui savent voir
dans le passé une expérience pour le pré-
sent, et comparer ce qui est enseigné par un
grand homme aux circonstances qui les
entourent. Une imagination vive, des pensées poétiques, un style animé, l'amour du
bien et la sagesse d'un homme dont la vue
a calculé tous les ressorts des gouvernements, caractérisent cet ouvrage écrit avec

une élégance harmonieuse et une raison supérieure, mais quelquefois trop d'esprit, d'affectation et d'obscurité. Les *Considérations sur la grandeur et la décadence des Romains* forment un des meilleurs traités de politique et d'histoire qui existent dans la langue française. Des idées générales, mais justes et pénétrantes, font connaître en peu de pages les causes qui ont élevé la puissance de Rome et les principes de destruction qui l'ont conduite à sa perte. Ce livre semble composé pour toutes les nations et tous les siècles.

Filangieri développa avec un grand talent, dans la *Science de la Législation*, les principes des lois civiles et criminelles, et toutes les règles sur lesquelles reposent la tranquillité des états, la morale publique et l'ordre des familles. Beccaria, par son *Traité des Délits et des Peines*, que toutes les langues se sont appropriées, rendit un service éminent à l'humanité, en faisant abolir la torture en Europe et en produisant des améliorations dans les différents systèmes criminels. Les sages ordonnances et les discours éloquents du vertueux chancelier d'Aguesseau, lui assurèrent une réputation méritée. Le président Bouhier

publia divers ouvrages de jurisprudence
remplis de savoir et de jugement. Boling-
brocke déploya une admirable éloquence
dans ses *Traités philantropiques* et son
livre intitulé : *The Patriot King.* Il passe
pour un des meilleurs écrivains de l'Angleterre. Blackstone s'illustra par un savant
Commentaire sur les Lois anglaises.

L'esprit d'examen et de système se portant à la fois sur les facultés morales de
l'homme et sur les institutions sociales,
on fut amené à rechercher quels étaient
les fondements réels de la fortune des
états et de celles des particuliers ; et sous
le titre d'économie politique, on créa une
science nouvelle qui remonta aux sources
de la richesse publique et qui s'occupa de
tracer les théories les plus avantageuses
d'agriculture, de manufacture et de commerce. On se trompa néanmoins dans les
premiers calculs dont on s'avisa, parce
que l'on avoit négligé d'y faire entrer quelques éléments nécessaires ; mais on est parvenu depuis à des résultats avantageux,
en partant de faits bien constatés et non
d'axiômes faciles à établir en spéculation,

mais impossibles à concilier avec la pratique et la réalité.

Quesnay, médecin de Louis XV, fut un des premiers Économistes, et contribua, par ses écrits à introduire en France le goût de cette science. Il publia un *Traité du gouvernement le plus avantageux au genre humain*, livre singulier où quelques traits de raison se trouvent cachés sous les paradoxes et des réflexions communes, et il inséra dans l'*Encyclopédie* plusieurs articles d'économie politique. Mirabeau, le père de ce Mirabeau que la révolution française a rendu si fameux, montra, dans *l'Ami des Hommes* et *la Théorie de l'impôt*, à quel excès on peut déraisonner en politique, même avec de bonnes intentions, quand on ne connaît, de la science difficile du gouvernement, que ce que l'on peut en apprendre dans le silence du cabinet. Les deux ministres Turgot et Malesherbes, s'attachèrent aux Economistes par amour du bien public; les mémoires de Malesherbes attestent la sagesse de ses intentions, et son humanité; Turgot voulut appliquer les principes de l'économie politique à l'amélioration de la fortune publique et du sort des Français ; mais il fallait des innovations, et l'on sait trop combien celles qu'il voulut tenter en amenèrent d'importantes et d'inattendues. Ses ouvrages sont remplis d'excellentes idées sur le perfectionnement de l'agriculture. Les traités de Condorcet, sur le commerce des grains, l'esclavage des nègres, la fixation de l'impôt, mirent au jour des aperçus moins sages, moins prudents que philantropiques. Ce savant et malheureux géomètre, entraîné par une ardente imagination, ne vit pas de bornes à la perfectibilité de l'homme, et dans son esquisse célèbre des progrès de l'esprit humain, il alla jusqu'à laisser entrevoir un moment où l'on pourrait devoir l'immortalité à une sage diététique, ou à la découverte de quelque arcane, dans le genre, sans doute, des breuvages de Paracelse. Le livre d'Adam Smith intitulé : *Recherches sur la nature et les causes de la richesse des nations*, discuta ces questions avec beaucoup de sagacité, mais en laissant échapper aussi des idées systématiques et absolument inapplicables. Quelques auteurs de nos jours ont donné d'excellents ouvrages sur cette matière.

III.   11

Avant que l'abbé de Condillac eût tra-
vaillé à rattacher la théorie du langage à
celle du raisonnement, Du Marsais s'en était
spécialement occupé. Sa *Méthode raisonnée pour apprendre la langue latine* avait
offert les moyens les plus naturels d'écarter
les difficultés que présente cette étude ;
mais son *Traité des Tropes*, chef-d'œuvre
de logique et de clarté où il développa de
la manière la plus précise tout ce qui constitue le style figuré, et les principes qu'il
professa dans ses *Réflexions sur les opérations de l'esprit*, le classèrent parmi les philosophes du siècle. Duclos s'éleva à la même
hauteur par ses *Remarques sur la Grammaire générale de Port-Royal*. L'abbé d'Oli-
vet se distingua par des observations pleines
de sens et de profondeur sur la langue
française. Wailly devint une autorité dans
les discussions grammaticales. L'anglais
Harris, neveu de Shaftesbury, publia des
*Recherches philologiques sur la gram-
maire universelle*.

L'abbé de Mably, frère de Condillac,
crut n'avoir pas adopté les idées philosophiques du siècle, et il affecta même de
témoigner du mépris pour elles ; mais

cet écrivain, qui connoissait mieux les Grecs et les Romains que les peuples modernes, pensait, quoiqu'il se défendît de cette opinion, qu'il n'était pas impossible que les plus grands états se constituassent en république. Il s'occupa de la politique dans ses rapports avec la morale, et par le résultat de ses études, il se trouva entraîné à préférer les anciens gouvernements aux nouveaux. Il montra donc peu de respect pour les institutions existantes, et ne vit rien de beau, de sage, de glorieux que dans les mœurs de la Grèce et de Rome. Ses *Entretiens de Phocion* renferment des idées saines sur les devoirs qui lient les citoyens à l'état; ses *Observations sur l'Histoire de France* contiennent de judicieuses réflexions, quoique présentées avec une prévention singulière, et cependant assujéties à une marche méthodique, mesurée et telle qu'on désirerait que toute l'histoire fût traitée de cette manière; mais on y voudrait plus d'impartialité et des vues moins paradoxales.

Boulainvilliers suivit une route entièrement opposée à celle de Mably, et, loin de blâmer, dans ses *Mémoires historiques sur l'ancien gouvernement de France*, l'esprit des vieilles institutions, il s'attacha à rechercher, à démontrer ce qu'elles ont de sage et les bons effets qu'elles ont produits.

Le nombre des historiens fut considérable. L'abbé Dubos écrivit l'*Histoire critique de l'établissement de la monarchie dans les Gaules,* où il multiplia les probabilités quand les preuves lui manquaient. Il donna aussi d'excellentes réflexions sur la musique et la peinture. L'éloquence facile, mais verbeuse, de Rollin, dut plaire quand il prononça ses leçons d'histoire ancienne et romaine, parce que l'action du discours peut suppléer à l'énergie et déguiser la prolixité; mais on reconnut la monotonie de son style, lorsque la publication eut permis de juger et d'apprécier sa manière. Son continuateur Crevier n'écrivit pas avec autant de pureté, mais il se perdit moins dans les digressions et les observations étrangères à son sujet. L'*Abrégé chronologique de l'Histoire de France,* par le président Hesnault, présenta dans un tableau rapide des portraits bien saisis, des événements tracés avec art et profondément sentis en paraissant à peine effleurés.

Un style élégant, mais péniblement tra-
vaillé, une critique judicieuse distinguèrent
l'*Histoire du Bas-Empire*, de Lebeau;
celle de *la Décadence et de la chute de
l'Empire romain*, par l'anglais Gibbon,
montra une profondeur, une sagacité, une
rare étendue d'observation. Cet historien
ne se passionna point pour les vertus, ne
s'anima pas contre les fautes et jugea les
unes et les autres avec sagesse et impartialité; sa diction est éloquente, remplie
d'images, et reproduisant quelquefois les
tournures de la langue française qu'il affectionnait; il écrivit même en français son
Essai sur la littérature. Velly eut du naturel, de la correction, et mit assez de
réserve et de prudence dans ses réflexions.
Villaret, qui le continua, fut plus élégant,
peut-être, mais diffus et s'écartant trop
souvent de son sujet. On estima dans les
Eléments de Millot, un bon esprit, un
style pur et l'art de choisir les matériaux
avec discernement. L'*Histoire philosophique et politique de l'établissement des Européens dans les deux Indes*, par l'abbé
Raynal, fournit des notions utiles et pré-
cises sur tout ce qui a rapport aux arts et

au commerce avec ces contrées ; mais il
s'en fallait de beaucoup que le récit des
faits historiques et les observations qui les
accompagnent méritassent la même confiance ; cependant, peu d'ouvrages ont eu
un aussi prodigieux succès. Il était en
harmonie avec l'exagération des opinions
du jour, et si quelques morceaux en sont
écrits avec éloquence, noblesse et vérité,
le reste est surchargé de lieux communs,
de déclamations bannales contre la supers-
tition et le despotisme, sans mesure dans
les expressions, comme sans raison dans
les idées. On y reconnaît deux styles bien
marqués ; l'un naturel, simple, rapide,
abondant, employé à présenter des calculs
intéressants, des faits réels, de sages aperçus commerciaux, d'excellents projets
d'amélioration ; et c'était peut-être le style
propre de Raynal ; l'autre emphatique,
rempli d'une chaleur factice qui va jusqu'à
l'égarement et la frénésie, un ton d'éner-
gumène, inspiré, sans doute, par les
hommes ligues contre tout ce qui com-
mandait le respect et l'amour des peuples.
Raynal a vu les tristes résultats de leurs
fausses opinions ; il en a gémi, il a gémi de

ses erreurs, il a eu le courage de les avouer;
mais son exemple doit éclairer sur le dan-
ger des spéculations politiques de ces écrivains qui calculent imprudemment de pré-
tendus intérêts des nations et de l'humanité,
loin du monde, des hommes et de la connaissance des affaires. L'espagnol Malo de
Lugue, où le duc d'Almodovar, composa
aussi une *Histoire de l'établissement des
Européens dans les Indes*, où il montra
plus de sagesse et de jugement que Raynal.
Tiraboschi mérita une place distinguée
parmi les historiens et les critiques célèbres
par son *Histoire de la littérature italienne*
qu'il fit remonter au siècle d'Auguste.
L'infatigable Muratori publia des *Annales
d'Italie* et une immense histoire des écrivains de cette contrée : compilation plus
savante que judicieuse. L'*Histoire d'Angleterre* de Smolett eut peu de force et de
profondeur; mais celles d'*Écosse*, d'*Amérique*, et de *Charles-Quint* dont l'introduction est un chef-d'œuvre, procurèrent
à Robertson une réputation qui s'accrut
encore par ses *Recherches historiques sur
l'Inde*, l'une des descriptions les plus exac-
es de cette contrée, de ses arts, de ses

sciences et de ses institutions. Hume, dans son *Histoire d'Angleterre*, mécontenta tous les partis, parce qu'il n'en caressa aucun. Laurent Echart, Burnet, Watson, Gillies, se firent estimer, les uns par leur impartialité, les autres par l'élégance de leur style.

La clarté du siècle précédent réfléchissait encore sur celui-ci. Jean-Baptiste Rousseau écrivait les odes qui assurent ses droits à l'immortalité. Fontenelle, au milieu de sa carrière, ne faisait plus de vers et s'était mis à la tête d'une école anti poétique qui ne voyait rien de beau comme la prose; mais il composait l'*Histoire de l'Académie des Sciences*, et les *Éloges des Académiciens*, excellents ouvrages qui rendent compte, d'une manière spirituelle, instructive et pleine d'attraits, des travaux de ces hommes célèbres, de leur genre de talent et des principales circonstances de leur vie. La Mothe-Houdard partageait les opinions comme le genre de vie de Fontenelle, et cependant il s'occupait à rimer des strophes dont il rendit plusieurs assez belles à force de travail. Racine était mort, Voltaire ne paraissait pas encore, et Crébillon débutait

avec succès dans la carrière théatrale par
la tragédie d'*Idoménée*, dont le style est
incorrect, l'intrigue faible, et le dénouement d'autant plus mal amené qu'il pourrait tout aussi bien se trouver à la fin d'un
autre acte. On peut remarquer encore que
l'âge d'Idoménée rend déplacée et ridicule
la rivalité qui existe entre son fils et lui,
et que cette inconvenance n'est pas rache-
tée par la force des sentiments et le charme
des vers, qui seuls auraient pu la faire oublier. Il y a néanmoins dans cette pièce des
morceaux touchants, et surtout un récit
qui renferme des beautés réelles. La tragédie d'*Atrée et Thyeste*, écrite avec plus de
vigueur et mieux conçue qu'*Idoménée*,
porta la terreur à son comble; et peut-être
même dépassa-t-elle le but que l'on doit se
proposer en excitant cette impression, car
le dénouement est atroce et n'inspire pas
l'attendrissement, mais l'horreur. La scène
où Atrée interroge et reconnaît Thyeste
est effrayante, mais bien calculée et du plus
grand effet; et quoiqu'il y ait, dans la pièce,
deux réconciliations distinctes, elles sont
tracées avec art, et le caractère d'Atrée est
grandement développé dans la seconde. Le

songe de Thyeste est un très-beau morceau de poésie. On y trouve souvent des mouvements pathétiques, de vives expressions; mais, en général, l'impropriété des termes, le mauvais goût voisin du ridicule, l'incohérence des idées, les fautes de sens, les contradictions, les vices du style, ne font de cette tragédie qu'un ouvrage assez médiocre.

Rhadamiste et Zénobie est infiniment au-dessus d'*Atrée et Thyeste*; elle fait la gloire de Crébillon, et son plus beau titre littéraire. On y reconnaît un plan sage, une conduite bien entendue, des scènes nobles et imposantes, un intérêt puissant. Il y a de l'embarras dans l'exposition, mais les caractères sont vigoureux et vraiment tragiques : celui de Rhadamiste est un des plus fortement conçus et des plus passionnés du théâtre. Le troisième et le quatrième actes produisent un effet terrible; et l'on est étonné qu'à côté de ces morceaux sublimes, le premier acte soit resté aussi imparfait. On y admire un grand nombre de beaux vers, et le style en est moins défectueux que celui des autres pièces du même auteur.

Pyrrhus, *Xercès*, *Sémiramis*, *le Trium-virat*, sont des tragédies aussi faibles d'exécution que de conception. Quelques passages d'*Électre* sont touchants et pleins de verve. *Catilina* eut un succès inoui, et cependant cet ouvrage est écrit dans un style presque barbare. En général, Crébillon est froid, sentencieux, monotone; sa marche est incertaine, ses intrigues languissantes; il connaît mal les passions humaines, dont il ne saisit pas les nuances; mais il étonne souvent par une expression forte et des incidents singulièrement tragiques, dont le cœur est plus surpris que touché.

Le rang de cet écrivain est actuellement fixé; mais de ridicules intrigues, et un entêtement déraisonnable, ont persuadé longtemps aux personnes qui ne jugent que sur la foi des autres, que le talent de Crébillon venait immédiatement après celui de Corneille et de Racine.

Un autre homme, à qui l'esprit de parti et l'envie opposèrent Crébillon, un homme qui parcourut une longue carrière, et dont la destinée est si étrange que plus de trente ans après sa mort sa place n'est pas déterminée, et qu'il est encore le sujet des discussions littéraires; un homme dont le génie extraordinaire régna despotiquement sur le dix-huitième siècle, malgré les clameurs qui s'élevaient contre son vaste talent et le déréglement de ses opinions, Voltaire, enfin, s'empara du théâtre au sortir de l'enfance, et, marchant sur les traces de Sophocle, qu'il imita, il écrasa ses rivaux et s'annonça comme un digne successeur de Racine. Il débuta par la tragédie d'*OEdipe*, dont le succès commença cette célébrité qui, pendant soixante ans, a rempli sa vie d'agitation et de gloire. Quelques sorties peu motivées, quelques contradictions dans le rapprochement des événements, l'amour inutile de Jocaste et de Philoctète, qui forme une double action, mais qui n'était peut-être qu'un tribut payé au goût général de la France, où l'on supposait qu'une tragédie sans amour n'était pas admissible au théâtre, des expressions impropres, de nombreuses négligences, tout fut couvert par l'élégance des vers, leur force, leur précision, de belles pensées et un harmonieux emploi du rhythme poétique. *Marianne*, qui lui succéda, ne fut pas aussi favorablement accueillie, malgré les beautés de détail dont elle est remplie et les progrès marqués de la versification de Voltaire, qui cherchait alors à imiter la pureté, à égaler la correction des chefs-d'œuvres de Racine.

Mais en même temps qu'il cueillait les lauriers de Melpomène, il concevait aussi l'idée de *la Henriade*, en exécutait les premiers chants, et donnait une épopée à la France.

Le plan de *la Henriade* est défectueux; il n'a pas d'unité d'objet. Henri IV ne joue pas d'abord le premier rôle dans le poëme, et n'en devient réellement le héros qu'après les quatre premiers chants. Le merveilleux, cette grande machine de l'épopée, est foiblement adapté au sujet : il n'y a pas assez de développement dans les faits généraux; les amours de Gabrielle d'Estrée et de Henri, ne tiennent en rien à l'action; plusieurs des personnages principaux sont à peu près nuls, ou ne ressortent pas comme on pourrait s'y attendre; on y rencontre quelques vers défectueux, des négligences, des passages faibles ou prosaïques; mais la poésie de style, si elle ne balance pas ces défauts, les fait, en général, oublier. Et combien de morceaux admirables par leur

éclat, leur énergie, leur grâce, leur profondeur, leur élégante précision! Que de
sentiments nobles et noblement exprimés!
Que de pensées brillantes, de vigueur, de
rapidité, d'harmonie! Que d'images neuves,
de mouvem nts pathétiques et de sublime
dans tous les genres! La poésie descriptive
ne saurait aller plus loin que dans la peinture de l'assaut donné aux murailles de Paris, par Henri IV. Le septième chant, où
sont décrits les mouvements des corps célestes, est d'une richesse d'expression qui
n'avait pas d'égale depuis Racine, et qui
n'en a eu que sous la plume de Voltaire
lui même. S'appropriant les pinceaux mâles
de Tacite et de Corneille, il adapta la poésie
à des objets que jusqu'alors elle n'avait osé
représenter; jamais elle ne forma d'accords
plus touchants et plus tendres qu'en décrivant les amours de Gabrielle et de Henri;
jamais elle ne peignit la religion sous des
traits plus respectables. La belle allégorie
du temple de l'Amour, n'a trouvé que des
admirateurs parmi les plus injustes dépré-
ciateurs de Voltaire. Enfin, des comparaisons nouvelles et toujours justes, un coloris
éclatant, des vers dignes de Virgile, une

savante opposition d'idées et d'expressions, des portraits tracés avec un art infini, mettent cet ouvrage, malgré ses défauts, au rang des plus brillantes productions poétiques.

Voltaire mit au jour, dans sa vieillesse, un autre poëme que l'on a placé au-dessus de *la Henriade*, et comparé à celui de l'Arioste. Cependant ce poème, objet de célébrité, de scandale et de honte pour la littérature française, ne saurait disputer le prix à l'immortelle production du chantre heureux d'*Angélique* et d'*Alcine*. Sans le juger avec trop de sévérité, l'on peut dire que l'invention en est pauvre, la contexture pénible, la fable sans intérêt, les détails sans liaison; mais il est certain qu'il est rempli de verve, de descriptions animées, de vers heureux et piquants, de cette poésie de style dans laquelle excellait Voltaire et qu'il y porta d'autant plus loin, qu'il pouvait s'abandonner à toute la chaleur, et au déréglement de son imagination. Peut-être aussi que les obscénités affreuses dont ce poëme est composé, l'indécence, le dévergondage des idées et des tableaux qu'il renferme, ont plus contribué à ses succès que ses véritables beautés.

A peine Voltaire avait-il publié sa *Henriade*, qu'il donnait sa tragédie de *Brutus*, où la grandeur, où la vertu romaine sont peintes avec une étonnante habileté, une énergie sublime, une rare éloquence ; mais dont l'intrigue languit par la faible combinaison de l'amour de Tullie pour Titus. A *Brutus* on vit succéder *Zaïre*, une des pièces les plus touchantes du théâtre, où Voltaire développa les secrets de l'amour avec le même éclat, le même talent ; un art extrême dans l'emploi des moyens qui attachent, qui intéressent le cœur ; mais aussi les mêmes défauts ; de l'invraisemblance dans les caractères, dans les mœurs, dans les situations. La passion y est exprimée avec une chaleur entraînante et en vers admirables. Les transports de la jalousie, l'abandon, les tourments de l'amour, le pathétique puisé dans le naturel et la vérité des sentiments, produisent des impressions extrêmement vives, et les émotions les plus douces comme les plus déchirantes. On regrette que le style, aussi magique que celui de Racine, mais non pas aussi pur, soit souvent affaibli par des négligences impardonnables qui déshonorent de superbes morceaux. L'intérêt irrésistible que cette tragédie inspira fit oublier ses défauts.

L'éloquence passionnée de Vendôme et la noblesse de Coucy soutinrent *Adelaïde du Guesclin*, plus faible que *Zaïre* et surchargée de fautes de versification. Les rôles de femmes furent, pour la première fois, exclus de la scène dans *la Mort de César*, sujet emprunté à Shakespeare, où des caractères énergiques sont tracés en vers sublimes par des traits dignes de Tacite. De nombreuses invraisemblances n'arrêtèrent pas les succès d'*Alzire*, qui montra au théâtre un nouveau monde et des mœurs nouvelles ; et Voltaire s'élançant vers de plus hautes conceptions encore, représenta dans *Mahomet*, avec un pinceau brillant et vigoureux, le caractère, les vastes desseins, la politique frauduleuse d'un ambitieux hypocrite, et l'égarement du fanatisme. Son talent avait acquis, à cette époque, toute sa maturité, et il est peu de pièces où la main d'un grand maître soit plus sensiblement empreinte, où l'élévation du style soit portée à un degré plus éminent. On voudrait retrancher de ce chef-d'œuvre l'amour déplacé de Mahomet pour Palmire, et quelques morceaux emphatiques.

Voltaire prouva, dans *Mérope*, qu'il savait décrire les impressions de la nature comme les passions et les sentiments élevés. Les nuances touchantes et délicates de l'amour maternel y sont développées avec un charme inexprimable, et la conception du sujet, sa simplicité, ne le cèdent à rien de ce que les anciens avaient de plus admirable. La plupart des scènes sont des chefs-d'œuvres d'art et de style : c'est celui que Voltaire a revu le plus soigneusement, c'est sa versification dramatique la plus pure et la plus brillante ; mais elle n'est pas sans tache.

On admira dans *Sémiramis*, *Oreste*, *Rome sauvée*, *l'Orphelin de la Chine*, parmi de nombreux défauts et son incorrection accoutumée, un talent éminemment tragique, des combinaisons ingénieuses, de grands effets de terreur et de pitié, de nobles sentiments exprimés en beaux vers. Il parut retrouver, en écrivant

Tancrède, quelques-unes des couleurs dont
il avait embelli *Zaïre*. *Le Triumvirat*, les
Guèbres, les *Scythes*, *Sophonisbe*, *Olym-
pie*, les *Pélopides*, *Irène* qu'il fit à quatre-
vingt-trois ans, ne sont que les enfants
d'une vieillesse affaiblie sans doute par de
longs travaux, mais pleine encore de vie
et d'activité.

Le plus grave et le mieux fondé des
reproches que l'on a faits aux tragédies de
Voltaire, c'est qu'il met trop souvent son
esprit à la place des sentiments de ses héros,
et qu'il sacrifie toujours la vraisemblance
à l'éclat d'un passage philosophique, d'une
maxime poétiquement exprimée, d'une
idée brillante, mais peu convenable. Ces
défauts, produits par la chaleur, l'entraînement de la composition, ne firent sans
doute que lui échapper dans les ouvrages
de sa jeunesse ; mais il n'eut, ensuite, ni le
courage ni la volonté de supprimer des
morceaux que le public avait applaudis, et
cette imperfection forma le caractère dominant de sa manière.

Cet homme extraordinaire, avide de
tous les genres de gloire, cultivait toutes
les branches de la littérature avec plus ou

moins de bonheur ; il n'eut pas de rivaux dans la poésie légère, où des pensées, des expressions, des tournures ingénieuses, faciles, spirituelles, remplies de grâce, de finesse, et du goût le plus délicat, se pressaient sous sa plume, soit qu'il chantât ses amours légères, la volupté, les charmes du repos et de la philosophie ; soit qu'il consacrât ses vers à l'amitié ; qu'il conversât avec les rois ou avec Émilie ; qu'il voulût caresser les hommes qui le flattaient.

Les *Discours sur l'Homme*, où il emprunta quelques pensées de Pope, offrent des formes variées, des peintures vives et une liaison d'idées remarquable qui les a mis dans la mémoire de tout le monde ; ceux de *la Modération, de la nature du Plaisir, du Désastre de Lisbonne*, sont admirables par l'élégance de la versification, des mouvements heureux et de brillantes images. Ses *Contes* sont inimitables.

Ses triomphes dans la carrière de l'histoire ne furent pas équivoques, et le succès de la *Vie de Charles XII*, dont l'existence agitée et les aventures romanesques demandaient à être tracées avec tout l'éclat et la rapidité du style de Voltaire, déter-

mina celui du *Siècle de Louis XIV*, chef-
d'œuvre d'élégance où les faits sont pré-
sentés avec un agrément dont aucun historien n'avait encore approché, mais aussi
avec ce genre d'esprit qui n'apercevait ou
ne laissait apercevoir dans les événements
que le côté qui se rapportait aux opinions
de l'auteur. Il ne vit le Gouvernement que
dans ses dehors, sans en approfondir l'esprit, le caractère, l'influence morale ; s'ar-
rêtant à ce que les victoires avaient de
brillant, les lettres de parfait et de sublime,
les arts de précieux et d'agréable ; appré-
ciant les faits et les hommes avec sa légèreté ordinaire ; jugeant sur de simples ap-
parences, et se répandant en considérations philosophiques plus éblouissantes que
solides.

Son *Essai sur les mœurs et l'esprit des
Nations*, sujet aux mêmes imperfections,
présenta un vaste tableau rempli de réflexions sensées, mais discutées avec trop
peu de soin ; il est écrit avec force et vivacité, et remarquable surtout par une
disposition heureuse dans l'opposition et
l'assemblage des faits, l'art d'instruire joint
à l'art de plaire, et cette manie philoso-

phique, cet esprit de secte, maladie du dix-huitième siècle, dont Voltaire, loin de vouloir se défendre, travaillait de tous ses moyens à étendre les ravages, quoiqu'il n'eût réellement aucun principe, aucun système suivi, et qu'il parût se jouer lui-même des opinions qu'il établissait, et dont il montrait à la fois la sagesse et les avantages, la folie et les inconvénients.

C'est encore là le résultat de ses *Romans philosophiques*, genre qu'il a créé; il y déploie toute l'originalité de son esprit; il cache souvent beaucoup de profondeur sous des fictions ingénieuses et des plaisanteries qui paraissent frivoles; il saisit parfaitement les ridicules des hommes, des mœurs, des opinions, des systèmes; il aperçoit des moyens d'amélioration, mais il ne se dissimule pas les dangers qui les environnent, et il finit par prononcer avec Bacbouck qu'il ne faut pas détruire Persépolis, et avec Candide qu'il vaut mieux cultiver son jardin.

La Grange Chancel, qui écrivait des tragédies avant Voltaire, avait reçu des leçons de Racine. Il ne créa rien où l'on pût reconnaître l'inspiration du maître; mais

il connut l'art de disposer dramatiquement
une intrigue. Sa diction est incorr. te, et
prosaïque, et le dialogue de ses pièces n'est
qu'un discours de roman dont les pensées
sont aussi fausses que les caractères en sont
faibles et sans couleur. La Mothe n'eut que
des succès passagers, mais sa tragédie d'*Inès*
est restée au théâtre parce que le sujet en
est intéressant, le plan sage, bien combiné,
le dénouement tragique et fait pour inspirer de vives émotions; les vers en ont peu
de force, mais ils sont naturels, et quoique
la passion n'y soit pas énergiquement exprimée, au moins y est-elle bien sentie.
Le *Mahomet second* de La None annonça
du talent; mais de l'enflure, trop d'inégalité et d'incorrection. La *Didon* de Lefranc
de Pompignan plut par des situations touchantes et quelques beaux morceaux de
poésie. Piron, quoiqu'il eût peu de talent
pour le genre tragique, vit réussir son
Gustave, dont la versification est dure et
rebutante. On trouva, dans *les Troyennes*
de Châteaubrun, de l'énergie, du naturel,
de l'intérêt. L'*Iphigénie en Tauride* de
Guymond de la Touche, sujet heureux et
touchant, montra des ressorts bien ména-

gés, de la chaleur et de beaux vers. Les tragédies de Lemierre reçurent de nombreux applaudissements; son style est en général d'une singulière âpreté, mais on a retenu quelques-uns de ses vers remarquables par la pensée et la précision; il écrivit aussi un poëme sur la peinture, où l'on trouve des morceaux brillants. La Harpe obtint des succès par ses tragédies de *Philoctète* et du *Comte de Warwick*, que l'on revoit avec plaisir, ainsi que son drame de *Mélanie*. Il se distingua encore par des *Éloges académiques* purement écrits, beaucoup de pièces détachées, des épîtres en vers, des héroïdes, le petit poëme de *Tangut et Félime*, qui ne manque pas de grâce et de facilité; mais surtout par un *Cours de littérature* devenu classique, rédigé avec un goût sain et judicieux, et recommandable en général par une critique juste, sensée et motivée. Dubelloy traita des sujets tirés de l'histoire de France. Son *Siége de Calais*, qui en offrait un des événements les plus frappants, fut couvert d'applaudissements. La diction en est commune, les vers prosaïques, mais le dialogue a de la véhémence et de la chaleur, Marmontel, Doral, Portelance, Leblanc, Maisonneuve, Champfort, plusieurs autres écrivains, ne rendirent à Melpomène que des hommages dont elle n'a pas gardé le souvenir.

Le théâtre anglais s'enorgueillissait, au commencement du siècle, d'Addison qui, le premier, introduisit dans la tragédie la noblesse et la régularité qu'exige cet art difficile. Il était assez médiocre comme poète, mais la sublimité de conception et de pensée de son *Caton*, couvrit aisément la faiblesse de son style, et le mit, par ce seul ouvrage, au rang des meilleurs auteurs dramatiques. Ses productions critiques et morales sont infiniment au-dessus de ses vers. Il remplit le spectateur de morceaux inspirés par la raison et dictés par le goût; et sa finesse, son esprit, le sentiment des convenances, qu'il possédait à un haut degré, lui méritèrent le nom de sage. Les Anglais le regardent comme un de leurs meilleurs écrivains. Lillo fit oublier, par quelques scènes sombres et terribles, l'irrégularité de ses plans et la conduite mal entendue de ses intrigues. La *Médée* et la *Boadicée* de Glover sont estimées pour la

beauté des vers et l'élévation des sentiments. *The Mourning Bride* de Congrève
est la plus poétique des pièces dont s'ho-
nore l'Angleterre.

Scipion Maffei donnait en même temps
à l'Italie une tragédie régulière qui obte-
nait le plus grand succès et qui le méritait.
Sa *Mérope*, dont Voltaire n'a pas dédaigné
d'imiter quelques parties, est remarquable
par des situations touchantes, de ces mots
d'inspiration que l'art et le calcul ne sauraient découvrir. Goldoni se trompant sur
la nature de son talent, débutait par de
faibles tragédies. Alfieri mettait dans les
siennes toute la chaleur, le désordre,
l'énergie d'une indomptable imagination.

Les formes du théâtre allemand sont
tellement étrangères à nos mœurs, à nos
habitudes, à notre goût, qu'en les compa-
rant à celles que nos grands écrivains ont
consacrées, nous sommes tentés de regarder encore les productions tragiques de la
Germanie comme les essais de l'art dans
son enfance. Que dire, en effet, de ces
conceptions qui, loin de renfermer un seul
fait dans un même temps, dans un même
lieu, s'emparent des divers événements

de la vie d'un héros, les suivent dans tous
leurs détails, les conduisent pendant plusieurs années, nécessitant des changements
de décoration à chaque acte, présque à
chaque scène ; introduisant sur le théâtre
une foule de personnages inutiles qui se
montrent et disparaissent sans que leur
présence ou leur éloignement concoure à
la marche de l'action ; employant à la fois
les incendies, les siéges, les assassinats, les
fuites, les combats, les forêts, les rochers,
les tavernes, les chaumières, les prisons et
les palais! N'est-ce pas là ce que nous avons
déjà nommé de la barbarie en parlant du
théâtre espagnol?

Telle est cependant la contexture des
drames de Schiller, de Werner, de Goethe,
de la plupart des tragiques allemands. Les-
sing essaya en vain, il y a plusieurs années,
de ramener leur goût à l'observation de ces
règles qui ne sont de fâcheuses entraves
que pour les esprits médiocres, sauve-
gardes du génie, qui le retiennent dans de
justes bornes, l'empêchent de s'égarer, et,
en le privant de quelques moyens de succès
faciles, le forcent à réunir toutes ses facultés et à enfanter des chefs-d'œuvres. L'exem-

plé de ce poète ne produisit qu'un petit nombre d'imitations plus estimées qu'admirées, et les Allemands continuèrent à préférer ce qu'ils appellent la vérité locale. Ce système, au reste, s'il est nuisible à l'ensemble et surtout à l'illusion théâtrale qui ne peut se conserver au milieu des changements de scène et du passage continuel d'acteurs que l'on n'a pas encore vus et que l'on ne doit plus revoir, donne lieu à des beautés originales, à des combinaisons singulières, à des situations sublimes qu'on ne pourrait obtenir par d'autres voies, et qui commandent les applaudissements de la Germanie. En les étudiant avec soin on finit par les apprécier ; mais il faut s'y accoutumer.

Si la tragédie peut encore se glorifier, dans le dix-huitième siècle, du vaste talent de Voltaire qui l'a placé si près de Racine et de Corneille, la comédie n'a rien qu'elle puisse comparer aux sublimes conceptions de Molière. Quelques auteurs ont un instant paru s'élancer avec force dans la carrière, mais bientôt leur vigueur s'est épuisée, et tous ceux qui ont obtenu des succès, n'ont qu'un ou deux ouvrages qui

fassent un véritable honneur à la muse
comique. Les talents bien distincts de
Corneille, de Racine, de Voltaire, peuvent,
à la rigueur, se balancer sur plusieurs
points; Molière est seul, nul ne l'a égalé,
ne l'a même approché en aucune partie.
Serait-ce que le champ de la tragédie est
plus vaste que celui de la comédie, qui se
trouve restreint à la peinture des mœurs
particulières d'un siècle, d'une partie du
monde, d'un peuple, d'une classe de la
société? Serait-ce que le ridicule, même
des mœurs, la connaissance intime et profonde du cœur de l'homme dans ses relations familières est plus difficile à saisir, à
peindre avec gaîté, qu'il ne l'est de représenter les grandes passions des héros et
des rois, les haînes élevées, les révolutions
qu'elles entraînent dans les destinées publiques, les sublimes effets du patriotisme,
les transports de l'amour et de la vengeance?
ou qu'il y a plus d'art à nous faire rire de
notre propre ressemblance, qu'à nous at-
tendrir sur des malheurs trop éloignés de
notre situation dans le monde pour que
nous les comparions à ce que la scène
ordinaire de nos habitudes et de nos cha-

grins nous présente chaque jour, pour que
nous puissions craindre de les éprouver ?
Cette question a été discutée par de grands
esprits, et elle est encore indécise.

Molière s'étant approprié les caractères
les plus marqués, il n'en restait plus que
de peu prononcés, des nuances faibles et
sans couleur, mais on avait encore la gaîté,
l'intrigue et les mœurs; les mœurs, toujours
changeantes, toujours nouvelles, que Molière savait assaisonner de ces mots qui ne
tiennent pas à un pays, à une société, mais
à l'homme de tous les temps, ressources
inépuisables pour le talent et inaperçues
par la médiocrité. Néricault Destouches en
retrouva quelques-unes. Il a composé une
foule de comédies oubliées, froides, monotones, mal dialoguées, sans force comique
et sans gaîté; mais son *Glorieux* est un caractère bien traité; le dénouement en
est théâtral; le contraste de la bonhomie
et des façons familières de Lisimon avec la
hauteur, la morgue, la politesse insolente
du marquis de Tuffière, produit des effets
très-plaisants; le rôle du valet est excellent;
les accessoires ne sont pas sacrifiés à l'emploi principal; enfin, la versification en est

élégante et semée de vers heureux que
l'on a retenus. Cette pièce est une des
meilleures du siècle. Le *Philosophe marié*
est encore une comédie intéressante qui
renferme des situations bien conçues, de
l'enjouement, et dont le style est pur. Quelques scènes du *Dissipateur* et de l'*Irrésolu*
sont agréablement dialoguées. Le rôle de
l'intendant, du *Tambour nocturne*, est original. La *Fausse Agnès*, quoique l'invraisemblance y soit poussée trop loin, est une
caricature extrêmement plaisante. Voilà ce
qui fonde les principaux droits de Destouches à la célébrité.

Piron se mit au premier rang par sa
Métromanie, son plus beau titre de gloire
et peut-être le seul réel, car son *Gustave*,
ses saillies si ingénieuses, si piquantes, si
originales, mais qui n'ont plus le même
attrait pour la postérité, ses poésies légères
assez médiocres, son *Théâtre de la Foire*,
ses *Fils ingrats*, ne lui eussent fait qu'une
réputation momentanée d'homme d'esprit;
mais la *Métromanie* est un chef-d'œuvre
dont l'intrigue est naturelle, comique,
féconde en incidents originaux, où les
situations, préparées avec art, semblent

néanmoins produites par le sujet et sans effort, où tous les caractères sont parfaitement traités, les rôles supérieurement écrits, le dialogue rempli de verve, de bonne plaisanterie, de mots piquants et justes, de tirades éloquentes, de vers que tout le monde sait par cœur ; comédie meilleure encore à lire qu'à voir jouer, parce que l'intérêt n'en est peut-être pas assez vif, parce que le travers que l'on y joue n'est pas assez général ; mais qui fera toujours les délices des gens de goût. Et n'est-ce pas aussi là le défaut du *Misantrope* ?

Le *Méchant* de Gresset disputa la palme à la *Métromanie*. L'intrigue de cette pièce charmante est un peu froide, et l'intérêt n'y est pas porté aussi loin que l'effet comique. Mais que d'esprit, que de finesse dans le caractère du méchant ! Comme il est savamment développé ! Quel style parfait, quelle aisance, quelle grâce dans le dialogue ! Quelle vérité dans la peinture des mœurs de la bonne compagnie, que la malheureuse facilité du régent et l'ardeur de Louis XV pour les plaisirs avaient affreusement corrompues ! Que d'art dans le contraste du méchant avec le rôle sage et moral d'Ariste, si difficile à traiter pour qu'il ne fût pas écrasé par l'éclat du rôle de Cléon ! Cette comédie est digne des meilleurs temps de la littérature française. Gresset écrivit encore des épîtres agréables et le petit poëme de *Vert-Vert*, ouvrage charmant, modèle de finesse, de facilité, de bonne plaisanterie, et de ce talent qui, dans un sujet frivole, sait choisir le point précis où il faut s'arrêter, sait deviner la juste mesure du badinage. Ses tragédies ne sont pas restées au théâtre.

Une foule d'auteurs remplirent la scène de pièces la plupart inspirées par des événements du jour, où l'on trouva de l'esprit, des situations gaies, quelques nuances de caractères et de mœurs assez bien saisies ; mais presque toutes sont oubliées comme les circonstances, les ridicules, les cotteries qui leur avaient donné naissance et fait leur succès. Le *Turcaret* de Lesage a survécu à ce torrent ; non que l'intrigue en soit parfaite, mais parce que cette pièce offre une suite de tableaux extrêmement plaisants, une verve satirique originale, et parce qu'elle humiliait de la manière la

plus dure et en même temps la plus risible
des vices affreux et trop communs autrefois. *L'Homme du jour* de Boissi, s'est
soutenu malgré ses invraisemblances par
des traits de situation et des caractères assez
bien traités. Marivaux, créateur d'un jargon précieux qui porte son nom, observa
minutieusement de petits motifs de conduite, de petits sentiments, de petites scènes
de société, et les exposa avec assez de vérité, surtout quand il voulut bien s'élever
au-dessus du verbiage vide de sens qu'il
affectionnait. Fabre d'Eglantine parut avoir
retrouvé la comédie de caractère et la
gaîté de Thalie. Il y a de très-belles intentions dans son *Philinte*, ouvrage estimable
dont le plan est bien conçu, et dans lequel
un vice du cœur est puni par son excès
même ; son *Intrigue épistolaire* est plaisante quoiqu'invraisemblable ; mais ces
pièces sont mal écrites et remplies de fautes
de langage. Colin d'Harléville eut un style
plus pur, mais moins énergique. Il règne
dans tous ses ouvrages un ton de candeur
et de vertu qui en fait aimer l'auteur. Son
Vieux Célibataire, plein de situations romanesques, mais intéressantes, restera

long-temps au théâtre. Les *Fausses Infidé-lités* de Barthe, la *Partie de chasse d'Henri IV* par Collé, l'*Impertinent* de Desmahis, recueillent encore les suffrages du public.

Congrève reçut des Anglais, le surnom de Térence; il connut le ton du monde et saisit avec finesse les mœurs et les ridicules. Son goût était pur et sa diction extrêmement poétique. Samuel Foote, qui ne sut ni lier une intrigue ni former un plan régulier, fut assez plaisamment satirique pour mériter d'être surnommé l'Aristophane de l'Angleterre. Goldsmith, Fielding, Gay, Steele, Sheridan, Cibber le héros de *La Dunciade* de Pope, donnèrent des pièces que l'on vit représenter avec plaisir.

Goldoni devint l'honneur de la scène italienne par des comédies régulières, des intrigues sagement calculées, un dialogue naturel, des caractères judicieusement établis et bien étudiés. Son *Bourru bienfaisant* fut accueilli en France avec de nombreux applaudissements.

La Chaussée se distingua par l'invention d'un genre mixte appelé d'abord le comique larmoyant, et que l'on a depuis spécialement désigné sous le nom de drame,

terme auparavant générique. Ce genre que
l'on a extrêmement critiqué, comporte un
intérêt tendre causé par les infortunes non
méritées des personnages que l'on met en
action. La scène devient nécessairement
sérieuse; on y débite une foule de maximes
et de sentences; on y fait un étalage de
sentiments merveilleux, qui touche souvent à la monotonie; on y emploie un style
dont l'élévation n'est pas naturelle, défaut
d'autant plus saillant que les héros sont
choisis dans la société commune; mais il
en résulte des situations touchantes, un
langage moral qui fait verser des larmes,
et si l'on est désarmé quand on a ri, comme
l'a établi au théâtre M. Baliveau, ne doit-
on pas l'être aussi quand on a pleuré? Le
plus grand tort de La Chaussée est d'avoir
ouvert à la médiocrité un champ qu'elle a
saisi avec empressement, de lui avoir
fourni les moyens de gâter le goût des
jeunes gens avant qu'il soit formé, et de
nous avoir peut-être privés de chefs-d'œuvres, résultat de profondes réflexions, et
d'un travail assidu que l'on abandonne
pour courir après des succès faciles. Au
reste, La Chaussée connut parfaitement

les limites du genre qu'il introduisit. *Mé-
lanide*, la *Gouvernante*, l'*École des Mères*,
ont des morceaux très-bien écrits et sont
pleines d'intérêt.

Diderot appela le drame en prose la *tragédie domestique*. Son *Beverley*, assez bien
conduit, est écrit naturellement. Son *Père
de Famille* intéressa, malgré de nombreuses invraisemblances et la monotonie des
pleurs que tous les personnages y répan-
dent. *Le Philosophe sans le savoir* fit honneur au talent de Sedaine.

Un des hommes les plus singuliers du
dix-huitième siècle, Beaumarchais, qui
donna une direction nouvelle à l'éloquence
du barreau, qui, entraîné par une vive et
piquante imagination, porta dans les affaires
les plus sérieuses une gaîté inépuisable,
une verve de style dont on n'avait pas
d'idées, débuta par le drame d'*Eugénie*,
où il mit de l'intérêt, et *les deux Amis*,
dont l'intrigue est invraisemblable et le
dialogue très-soigné. Mais il dut des succès
inouis au caractère de Figaro, qu'il inventa
ou qui n'était, dit-on, que son propre caractère arrangé pour la scène. Ce Figaro,
philosophe, intrigant, auteur, aventurier,

et *faisant la barbe à tout le monde*, parut, pour la première fois, dans *le Barbier de Séville*, imbroglio très-ingénieusement combiné, rempli d'esprit et de gaîté, et reparut, quelques années après, dans *la Folle Journée, ou le Mariage de Figaro*. Cette seconde pièce, mélange bizarre d'esprit, de mauvais goût, de bonnes et de pitoyables plaisanteries, d'invraisemblance, de hardiesse, de platitudes, d'indécence, fut surtout applaudie parce qu'elle faisait une satire sanglante du gouvernement et des grands, qui riaient eux-mêmes des traits dont ils étaient frappés, et qui n'apercevaient pas que la blessure allait bientôt en devenir mortelle. Beaumarchais eut le triste avantage de saisir et de flatter les premiers élans de l'esprit révolutionnaire qui commençait à se manifester.

L'Opéra dut quelques ouvrages agréables à La Mothe, qui retrouva parfois le talent de Quinault, et dont les madrigaux furent applaudis. Roy donna *Callirhoé*, et une *Sémiramis* que Voltaire a consultée pour le plan de sa tragédie. L'opéra de *Jephté* valut des louanges à l'abbé Pellegrin, qui n'y était pas accoutumé. Celui de *Castor et*

Pollux, du Gentil Bernard, devint le modèle de ce genre; sa contexture est excellente, puisqu'elle présente la réunion de tout ce que l'on peut désirer dans un opéra: combats, jeux funèbres, évocations, Élysée, Ténare, Olympe, toutes les machines de la Fable; le style, d'ailleurs, en est noble et soutenu, le sentiment n'y tombe pas dans la fadeur, et l'on en a retenu quelques vers.

Apostolo Zeno apprit aux Italiens à ne pas regarder la tragédie lyrique comme un simple accessoire à la musique. Il leur donna, dans ses opéras, des imitations de tragédies régulières, leur montra des tableaux simples et fortement tracés, et leur fit connaître qu'il résulte de grandes beautés de la vérité du dialogue. Métastase le surpassa pour l'harmonie, la grâce, le charme des vers et l'intérêt des situations dramatiques; sa diction a des moments d'élévation très-brillants. C'est le premier des lyriques de l'Italie.

Le vaudeville et l'opéra-comique sont des enfants du dix-huitième siècle. Le Sage, Fuzelier, Piron, Panard, composèrent un grand nombre de pièces dans ce genre. Les couplets de Piron étaient saillants, fort gais, mais souvent indécents. Ceux de Panard, moins licencieux, saisissaient avec facilité les ridicules du jour. Vadé a laissé de jolies chansons poissardes. Favart, le père de l'opéra-comique, écrivit quelques ouvrages remplis de grâce et de naturel. Sedaine, Marmontel, Anseaume, d'Hèle, Pezai, Fenouillot de Falbaire, Desforges, ont cueilli quelques fleurs dans cette carrière.

Malgré la ligue qui s'était formée contre l'art des vers, et dont faisaient partie Duclos, Marivaux, Montesquieu, Buffon, La Motte, Trublet, qui voulaient établir que la poésie n'est qu'une folie ingénieuse, les règles de la versification, des entraves données à la raison qui s'exprimerait en prose avec plus de rectitude et de facilité, une foule de beaux esprits recherchèrent le commerce des Muses, et portèrent de l'encens sur leurs autels, mais aucun d'eux ne ralluma le feu sacré qui s'éteignait avec Voltaire.

Le Franc de Pompignan, par son ode sur la mort de J.-B. Rousseau, et différents morceaux de ses poésies sacrées, se plaça au-dessus de La Mothe : cette ode a des strophes dignes de Rousseau lui-même, et les *Imitations des livres saints* ne manquent pas d'élégance. Les poëmes de *la Religion* et de *la Grâce* de Racine le fils, montrèrent un talent sévèrement didactique et formé à une bonne école, mais froid et dénué d'imagination. Le Gentil Bernard dut ce surnom à un poëme de *l'Art d'aimer* qui fut long-temps en grande réputation, et que l'on juge aujourd'hui moins favorablement ; il est plein d'esprit, mais il peint la volupté, la jouissance, et non l'amour ; il est souvent affecté, il a peu de grâce et jamais de verve ; rien de tendre, rien qui touche le cœur, qui intéresse la sensibilité. Colardeau, avec une élégante facilité, de la mollesse, de l'harmonie, ne devint cependant pas un poète, parce qu'il manquait d'imagination ; son *Epître d'Héloïse à Abeilard* est un petit modèle de chaleur et de sentiment, mais elle est imitée de Pope ; la versification de ses *Hommes de Prométhée* est pure et brillante, les détails en sont frais et délicats ; mais c'est une traduction de Milton ; il mit en vers *le Temple de Gnide*, et quelques *Nuits d'Young*, avec le même talent, et fut le chef d'une école qui réduisit la poésie à un simple mécanisme d'expressions et de tournures. Les pièces fugitives du cardinal de Bernis sont agréables et remplies de finesse, mais incorrectes et précieuses. Le poëme *des Saisons* de St.-Lambert est écrit d'une main sûre et noble, les vers en sont harmonieux, les descriptions étincelantes de richesses poétiques. Dorat publia une foule de poésies fugitives dont la plupart sont oubliées. Gilbert mourut au moment où les espérances qu'il avait données commençaient à se réaliser ; quelques strophes de ses odes, quelques morceaux de ses satires offrent des beautés réelles. Malfilâtre, dont le poëme de *Narcisse dans l'île de Vénus* s'était fait remarquer par son élégance, emporta dans la tombe d'aussi glorieux regrets. Le Brun, qui se donna luimême le nom de *Pindare*, a laissé des odes pleines d'imagination, de feu poétique, de grandes et belles pensées, mais aussi d'incorrections et d'assemblages de mots étonnés de se trouver ensemble. Bonnard, Bertin, Léonard, mirent de la grâce, de la volupté dans leurs élégies, la plupart imitées de Properce et de Tibulle. Desmahis écrivit des épîtres légères, faciles et piquantes. On trouve dans le poëme *des Mois* de Roucher, des idées brillantes, des descriptions animées et pittoresques, mais une versification incorrecte et dure; ce n'est plus là de la poésie.

Pope est le plus célèbre comme le plus élégant des poëtes d'Angleterre. Son premier ouvrage fut un *Essai sur la critique* qui lui donna un rang distingué parmi les littérateurs. Les vers de ce poëme sont extrêmement purs, et il renferme les preuves d'un excellent esprit; mais Pope voulut imiter Boileau, et sa marche ne fut pas toujours aussi sûre que celle de ce sage critique. Son *Essai sur l'Homme* est un chef-d'œuvre où la plus belle poésie sert à développer une morale touchante et une sublime philosophie. Les idées, quoique profondes, se suivent rapidement, sans embarras, avec clarté, noblesse, facilité, et le coloris en est aussi brillant qu'énergique. Le feu de la passion la plus vive anime son épître charmante *d'Héloïse à Abailard.* On a comparé au *Lutrin* son poëme de *la Boucle de cheveux enlevée,* mais les parallèles d'une langue à une autre, du goût d'un peuple à celui du peuple voisin, ne peuvent guère être faits que par la postérité ; cette mythologie puisée dans les rêveries du comte de Gabalis, ces sylphes, ces gnomes nous paraissent insipides et froids ; les plaisanteries qu'ils amènent monotones et sans intérêt ; on y admire cependant de jolis détails. *La Forêt de Windsor* est un morceau de poésie descriptive d'un grand mérite. Les satires, les épîtres de Pope sont moins délicates, moins légères que celles du satirique français, mais plus âmères et plus énergiques. Sa *Dunciade*, critique sanglante et souvent injuste des auteurs contemporains, renferme des passages d'une originalité piquante et des vers très-brillants. Il a traduit Homère, et sa version passe pour la meilleure que l'on ait faite dans les langues modernes.

Prior vient immédiatement après Pope. Il avait beaucoup d'esprit, de goût et d'imagination, et composa des odes estimées où il laissa trop percer l'intention d'imiter Horace. Son *Histoire de l'âme* est une plaisanterie très-enjouée, pleine de

sens, et de vérités d'observation; ses vers
sur la bataille d'Hochstet sont assez médiocres. C'est le moins inégal des poètes
anglais.

La muse élégiaque reçut les hommages
touchants de Gray, qui sut mettre, dans ses
vers, un ton de sentiment qui attache. Son
Hymne de l'Adversité, son *Élégie du Cime-
tière*, si souvent traduite en français, ont
de la grâce, et plaisent par un tour mélanco-
lique et naturel que les âmes tendres aiment
à retrouver dans leurs affections. Goldsmith se mit au même rang par son *Village
abandonné*. Shenstone, Hammond, Chat-
terton qui, fatigué de la vie qu'il ne connaissait pas encore, s'empoisonna à dix-
huit ans, obtinrent aussi des succès dans ce
genre. Young créa, comme le dit un auteur
anglais très-estimable (1), une *Muse de la
mélancolie*; il dut son talent au malheur,
à la perte de tous les êtres qu'il chérissait,
et il devint célèbre par le ton de tristesse,
le sentiment profond, les beautés sombres
et l'excellente morale qui dominent dans

____

(1) M. le chevalier Croft.

ses *Nuits*. Ses satires furent accueillies avec empressement.

La poésie descriptive dut à Thompson un *Poëme des Saisons*, où cet auteur montra un véritable génie. Il employa des figures hardies, des images neuves et sublimes ; son style a du mouvement, il est abondant et plein de chaleur, mais son éclat déguise quelquefois la faiblesse ou l'obscurité de la pensée, et le goût n'en est pas toujours pur. Philips et Dyer coururent la même carrière : le premier, par des poëmes intitulés : *Pomone*, et le *Précieux Schelling* ; le second, par un ouvrage sur l'éducation des brebis ; leurs vers sont corrects, mais très-froids.

Quelques-unes des fables de Gay, piquantes et originales, peuvent se montrer encore après celles de La Fontaine, quoique son talent soit bien loin d'être comparable à celui du *Fablier français* ; ses poésies légères, ses pastorales sont ingénieuses et délicates. Les odes et les églogues de Collins, les *Imitations d'Horace et de Tibulle* par Thomas Rowe, les poésies fugitives de Beatties, de Burn, d'Akenside, d'Allan Ramsay, de Cowper, les satires de Churchill, le poëme comique de Green sur le spleen, composent le recueil de ce que la littérature légère a de plus agréable chez les Anglais.

La langue allemande, la plus riche de toutes par sa nature même qui lui permet de former les expressions dont elle a besoin par des agrégations de mots, ou la variation des désinences, commençait à se prêter au ton de la poésie. Clopstock se faisait un nom par son poëme du *Messie*. Gottsched composait une poétique avec les vers d'Horace et de Boileau. Gellert, par des fables où il mettait toute la finesse de son esprit et la bonté de son cœur, recueillait les suffrages des gens de goût. La mort prématurée de Croneck dont on avait apprécié les vers aimables, mais négligés, laissait en deuil les amants de la bonne littérature. Kruger enrichissait le théâtre allemand des imitations d'un grand nombre de pièces françaises, et publiait des poésies spirituelles. Les *Idylles* de Gessner, ses poëmes du *premier Navigateur* et de *la Mort d'Abel*, traduits dans toutes les langues, faisaient oublier ce que les anciens avaient produit de plus tendre, de plus

18e. siècle.

naïf, de plus délicat. Kleist, l'ami et le disciple de Gessner, cueillait encore quelques fleurs après son maître.

L'éloquence du barreau fit quelques progrès en France, et l'on vit des mémoires où les faits, exposés avec clarté, étaient en outre appuyés de tout le charme de la diction et de toute l'énergie que devaient avoir des orateurs pénétrés de la bonté de leurs causes; mais la décadence fut extrêmement sensible dans le talent de la chaire, et dès le commencement du siècle, le bel esprit, les ornements frivoles, les antithèses, les petits traits, les petites peintures avaient remplacé la clarté, la force, la sublimité, le raisonnement énergique, l'action, l'harmonie des Bourdaloue, des Bossuet et des Massillon. Clement, Segaud, l'abbé Poule, le père Neuville, l'abbé de Boismont retrouvèrent encore quelques beaux mouvements, quelques traits heureux, mais en trop petit nombre pour sauver leurs noms de l'oubli.

Thomas montra, dans les panégyriques qu'il prononça à l'Académie française, un talent oratoire plein de vigueur et d'élévation, avec de l'emphase et de la roideur;

mais ces défauts disparurent lorsqu'il composa les *Eloges de Descartes et de Marc-Aurèle*, où la verve, le pathétique, la dignité du style s'unissent à une noble simplicité. Il remplit son *Essai sur les Femmes* d'observations profondes, de réflexions fines et délicates, et son poëme de *la Pétréide*, qu'il n'a pas terminé, de tableaux magnifiques, de vers superbes, mais aussi de sécheresse et de contrainte. Son génie était trop didactique et ne sacrifiait pas assez souvent aux Grâces. Ses vertus, sa bonté, son esprit, lui valurent de nombreux amis et une rare considération.

La facilité d'intéresser en décrivant des aventures singulières, en faisant l'analyse des plus doux sentiments du cœur, en les ajustant à une action sur laquelle on ne se rend pas trop difficile quand on est ému, produisit beaucoup de romans dans le dix-huitième siècle. La plupart sont oubliés; mais il en est qui n'ayant rien de la frivolité du genre, sont réellement d'excellents livres de morale pratique et demeureront éternellement. A la tête de ces ouvrages estimables, on doit placer le *Gil-Blas* de

Le Sage, roman vrai, naturel et profond ; l'un de ceux qui peignent le mieux les hommes ; la critique la plus ingénieuse, la plus plaisante des caractères, des ridicules, de toutes les nuances de situations et d'habitudes humaines. La vie entière y passe en revue ; toutes les conditions sont tour-à-tour amenées sur la scène et parfaitement décrites dans ce qu'elles ont de plus saillant ; il n'est personne qui n'y reconnaisse ce qu'il a vu, ce qu'il a pensé, ce qu'on lui a dit ; et l'on est tenté de faire à chaque page des applications d'incidents et de réflexions dont on aperçoit le rapport aux événements du jour, aux gens que l'on approche et à soi-même. Le style en est pur et parfaitement convenable.

Le roman de *Clarisse*, par l'anglais Richardson, dispute le premier rang à celui de *Gil-Blas*, et beaucoup de personnes ne font pas difficulté de le lui accorder ; on a même eu long-temps à ce sujet une telle prévention qu'à peine osait-on défendre l'opinion contraire. En effet, ce roman, écrit avec une éloquence douce, attendrit profondément et laisse de douloureuses impressions. Le caractère de Clarisse est

18e. siècle.

vraiment angélique ; celui de Lovelace est tracé en maître , quoiqu'il fasse souvent un bien petit usage de tout l'esprit qu'on lui suppose : tous sont développés avec beaucoup d'art et de sagacité ; la mort de Clarisse est un chef-d'œuvre de vérité et de pathétique ; mais les commencements de ce roman sont d'une longueur insupportable et l'auteur est entré dans des détails trop minutieux. Il n'a peint d'ailleurs qu'une famille , et Le Sage a porté sa vue sur la scène entière du monde. Le roman de *Pamela*, simple et intéressant , avait été le premier ouvrage de Richardson ; celui de *Grandisson*, qui suivit *Clarisse*, n'ajouta pas à sa réputation.

Fielding, prodigue comme lui de digressions et de menus détails, peignit mieux les actions des hommes en société ordinaire. Dans le roman de *Tom-Jones*, son meilleur ouvrage , il fait aussi de la vertu le jouet du vice, mais elle triomphe à la fin de tous les piéges qui lui sont tendus. L'intrigue en est nouée et développée avec beaucoup d'art, et l'on y remarque une grande variété de tons et de peintures comiques. Les personnages au moins ne sont pas éter-

nellement parfaits, comme ceux de Grandisson ; ce sont des gens que l'on retrouve
tous les jours dans le monde. On a encore
de cet auteur *Joseph Andrews*, *Amélie*,
Roderick Random, et le *Chevalier de
Kilpar.*

Le docteur Swift et Sterne se disputè-
rent la palme de l'originalité. Le premier
présenta, dans ses *Voyages de Gulliver*,
de singulières allégories, une critique juste
et fine, et des plaisanteries poussées jusqu'à l'indécence. Son esprit était extrêmement satirique et peu difficile sur les moyens;
il le prouva par son conte des *Deux Ton-
neaux*, où il attaqua, d'une manière peu
ménagée, les dogmes du catholicisme,
comme ceux de Luther et de Calvin. Sterne
s'attacha, dans son *Voyage sentimental*, à
décrire quelques petits incidents avec le
ton de l'intérêt et de l'attendrissement.
Cette affectation de sensibilité, souvent si
puérile et si peu naturelle, est aimable et
gracieuse sous la plume de l'auteur de
Tristram Shandy; mais à combien de productions médiocres et insupportables n'a-
t-elle pas donné naissance? *Le Tristram
Shandy*, d'ailleurs, est un roman fort ex-

traordinaire, dont le héros est à peine né au second volume; un récit désordonné, un recueil de bouffonneries mêlées de réflexions sérieuses, touchantes, quelquefois profondes. Sterne est cependant regardé en Angleterre comme un écrivain inimitable. Goldsmith, par la touche originale de son *Vicaire de Wakefield*, l'ingénuité, la naïveté qui le distinguent, se plaça auprès de Sterne, et le surpassa peut-être dans l'art de peindre les nuances du sentiment.

Swift publia aussi une feuille périodique, intitulée les *Lettres du Drapier*. Le goût de ces sortes d'ouvrages est un produit du sol de l'Angleterre. Ce fut par là sur-tout qu'Addison se fit une réputation durable : il inséra dans le *Spectateur* et le *Gardien*, ainsi que dans le *Babillard* de Richard Steele, des morceaux de critique et de morale, que les Anglais regardent comme ce qu'ils ont de mieux écrit dans leur langue: Richard Steele posséda lui-même une diction piquante et facile, qui n'était pas inférieure à celle d'Addison. Johnson publia deux feuilles dans le même genre, le *Paresseux* et le *Rôdeur* : son style est forcé et emphatique; mais cet auteur se distingua par un savant Dictionnaire, qui indique toutes les acceptions que les mots sont susceptibles de prendre, en appuyant ses opinions par des exemples tirés des meilleurs écrivains.

On composait en France beaucoup de Romans. Marivaux traçait dans sa *Marianne* des situations intéressantes et des caractères qui n'étaient pas sans vérité; mais son entortillage, ses idées subtiles, ses efforts d'esprit continuels détruisaient tout le mérite de ses ouvrages. L'abbé Prévost se mettait au rang des bons romanciers par le *Doyen de Killerine*, *Cleveland* et sur-tout *Manon Lescaut*, où l'intérêt est porté au plus haut degré. La *Baronne de Luz*, de Duclos, offrait de vives saillies et des portraits bien tracés. Mesdames de Tencin, de Fontaines, de Grafigny, Riccoboni, esquissaient agréablement des événements simples et des sentiments naturels et touchants. Crébillon le fils ne réussit que par l'excessive indécence qui fait le fond de ses romans. Marmontel obtint de véritables succès par ses *Contes moraux*, qui avaient le grand mérite de rendre le ton des mœurs et de la société. Son *Bélisaire* eut le défaut de rassembler des lieux communs de morale et de politique sous un cadre séduisant, mais où l'on ne trouva pas ce qu'il avait semblé promettre. Ses *Incas*, écrits avec pureté, fatiguèrent l'oreille par l'attention que l'auteur avait eue de mettre toute sa prose en vers de huit syllabes non rimés; Fénélon n'avait pas pris ce soin pour rendre poétique la prose de son *Télémaque*. Les *Pastorales* de Florian charmèrent par une réunion de peintures gracieuses et de sentiments tendres exprimés avec délicatesse.

Placé au-dessus de presque tous les écrivains de son siècle, par des ouvrages où régnait une éloquence irrésistible, Rousseau augmenta encore sa célébrité par son roman de la *Nouvelle Héloïse*, dans lequel il peignit moins les actions ordinaires de la société et les hommes tels qu'ils paraissent, que les sensations les plus secrètes du cœur, et les mystères de l'âme réfléchissant sur ses propres impressions. Il ne voulait, dit-on, qu'un cadre pour placer des dissertations sur le duel, le suicide et les diverses convenances qui séparent dans le monde les enfants de Japhet ; mais quelque défectueux que soit le plan qu'il a choisi, avec quelle éloquence sublime n'a-t-il pas décrit le sentiment de l'amour ! Que de passion, d'énergie, de vérité ! On ne saurait le lire sans enthousiasme ; et son style est tellement séduisant, qu'il n'est peut-être donné qu'à des têtes refroidies par l'âge de le juger avec sagesse et sans entraînement.

Jean Jacques Rousseau avait débuté dans la carrière par embellir un paradoxe de tous les charmes de son éloquence, et soutenir que le progrès des arts et des sciences, loin de contribuer à épurer les mœurs, n'avait au contraire servi qu'à les corrompre. Le succès de cet ouvrage amena le *Discours sur l'inégalité des conditions parmi les hommes*, où il attaqua les liens les plus puissants de la société, tels que la propriété, les devoirs mutuels, la distinction des rangs, avec sa diction toujours brillante et soutenue. Il donna dans son *Emile* un système impraticable d'éducation, en proscrivant les écoles publiques, en proposant d'élever l'homme seul, et de le forcer, pour ainsi dire, à former lui-même son édu-

.cation ; système qui tendrait à constituer
l'homme en état de guerre contre la société,
à le révolter contre toute règle et institu-
tion, en l'engageant à ne suivre que les
principes qu'il se fait lui-même, et que son
intérêt ou sa vanité peuvent lui inspirer.
Mais Jean-Jacques enseigna aussi dans cet
éloquent ouvrage une foule de vérités mé-
.connues. L'enfance n'eut plus à gémir sous
les punitions rigoureuses qui contraignaient
le développement de ses facultés ; elle re-
couvrit l'heureuse liberté que bannissait
une sévérité déplacée ; et les mères, qui
depuis long-temps avaient abandonné le
soin le plus doux de la nature, se chargèrent elles-mêmes de l'éducation du premier
âge, et regardèrent comme une jouissance
l'accomplissement d'un devoir sacré.

Le *Contrat social* renferma aussi des idées
sublimes et des paradoxes. J. J. Rousseau y
rechercha quelles avaient dû être les conditions primitives de la formation des sociétés, conditions qui n'existèrent probable-
ment jamais ; et il fut conduit par ses réflexions à adopter le grand principe de la sou-
veraineté du peuple, si dangereux, et d'ailleurs si impraticable, puisqu'il serait impos-

sible que l'autorité ne fût pas déléguée dès le premier moment, et qu'ensuite les richesses , le crédit, les réputations ne laisseraient au peuple que le choix de la clientelle, L'histoire des républiques grecques et romaines en a fourni des exemples éclatants.

La lettre de Rousseau *sur les Spectacles*, établit avec énergie d'importantes vérités. Il inséra dans son *Dictionnaire de musique* d'excellents principes et quelques erreurs. Il rechercha le bien de bonne foi dans ses *Considérations sur le Gouvernement de Pologne.* On lui doit l'opéra charmant du *Devin du Village*, et plusieurs ouvrages où il consigna ses pensées et ses rêveries.

Mais la production la plus extraordinaire de cet homme célèbre est un livre qu'il nomma ses *Confessions*, où racontant toutes ses erreurs, ses fautes les moins pardonnables, il les présenta comme des vertus, avec un air de conviction, un charme qui persuade, qui entraîne, qui force presque à le croire ; et l'on rougit après de s'être laissé séduire.

Rousseau eut un caractère à lui, des opinions qui, bien qu'elles rentrassent dans

le système général des opinions du siècle,
avaient une couleur particulière, une exal-
tation qu'il devait à sa situation précaire, et
à la conscience intime de ce qu'il valait. En
entrant dans le monde, il en avait été re-
buté : il crut l'être toujours, même lorsque
l'on sut apprécier son mérite, et sa méfiance
fut poussée jusqu'au délire. C'est alors qu'il
affecta une indépendance et des principes
qui ne formaient peut-être pas la base de
son caractère, mais qui le devinrent dès
qu'il put supposer qu'on les combattrait. Il
se renferma en lui-même, et il trouva dans
son cœur ces vives émotions, cette chaleur
d'imagination, cet amour exalté de la vertu,
qui brillent dans ses productions. En com-
mettant toutes ses fautes, il se crut le plus
pur des hommes, parce que son cœur n'était
agité que de nobles mouvements; et ce fut
dans cette disposition qu'il écrivit ces ouvrages qui excitèrent l'enthousiasme par
une éloquence moins due à l'arrangement
des mots, qu'à la vérité des sentiments, à
l'élévation des pensées et au développement des plus sublimes principes de morale.
Que n'eût-il pas fait, s'il eût été mieux dirigé
à l'entrée de sa carrière !

18e siècle.

Les beaux-arts, qui s'étaient élévés à une grande hauteur dans le siècle de Louis XIV, éprouvèrent une fâcheuse révolution sous le règne de Louis XV. De petites conceptions, des idées bizarres et mesquines remplacèrent tout ce que le génie avait imaginé de vaste, de pompeux, d'élégant, en Italie et même en France. La peinture devint un assemblage de parties maigres et mal combinées. Un dessin lâche, incorrect, des poses maniérées ; des airs de tête grimaçants, que l'on prétendait gracieux ; un ton de couleur faux et d'école ; un pinceau sans vigueur, des compositions grotesques formèrent l'ensemble de la plupart des tableaux célèbres de cette époque. Il suffit de nommer les Pierre, les de Trôy, les La Tour, les Restout, les Boucher, les Vanloo, pour se rappeler en quel état de dégradation leurs idées vicieuses sur la peinture laissèrent ce bel art à la mort de Louis XV. Vernet seul, dans ses marines, dans ses charmants paysages, conserva le goût du vrai, celui de la nature, et mérita une place flatteuse auprès de Claude Lorrain.

Mais un peintre, qui s'est fait une réputation durable, par la suavité de ses compositions, reconnaissait déjà la source des beautés véritables, indiquait les défauts de l'école moderne, et enseignait à en chercher le remède dans l'imitation de la nature et l'étude des tableaux admirables de l'Italie. A la voix, aux sages leçons, à l'exemple de Vien, les peintres confessèrent leurs erreurs; les élèves se formèrent à une composition sage, à un dessin pur et vigoureux; à la vérité du coloris, et commencèrent la gloire d'une nouvelle école française qui s'avance avec honneur dans une carrière illustrée déjà par tant de chefs-d'œuvres.

Les mêmes observations se présentent pour la sculpture et l'architecture. Bouchardon, Pigalle, un des Coustou, quoiqu'ils entendissent parfaitement le travail du marbre, n'ont donné à leurs statues que des expressions ignobles; mais Julien, dans une jolie nymphe faisant paître son troupeau, retrouva quelque chose de la grâce antique, et rappela les sages principes qui devraient toujours diriger les artistes. L'heureuse révolution qui changeait la face des études en peinture, vint bientôt appuyer l'exemple qu'il avait donné, et promettre au dix-neuvième siècle des ouvrages dignes de passer à la postérité.

Ce fut alors aussi qu'on s'avisa de remarquer la beauté des édifices grecs et romains. On s'empara de leurs masses, de leurs détails, de leurs élégants ornements qu'on essaya d'agencer, de distribuer d'une manière conforme aux usages modernes. L'école de chirurgie, par Gondoin, offrit le premier modèle de ce genre épuré. Soufflot, dans sa vaste entreprise de l'église de Sainte-Géneviève, fit une heureuse application des plus belles parties de l'art. Le Doux, le Grand se distinguèrent par des monuments d'un caractère élevé. On a suivi leurs traces, et l'architecture paraît revenue à la simplicité, à la pureté de formes qui la rendent si majestueuse, et qu'elle perdra peut-être encore par l'amour de la nouveauté et la bizarrerie de la mode.

Les Italiens obtenaient des effets admirables de la mélodie, que leurs musiciens traitaient avec un charme inexprimable. Rinaldo da Capua inventait le récitatif obligé. Adolfati essayait d'introduire dans la musique une mesure à deux temps inégaux, l'un de deux notes et l'autre de trois. Ciampi, Bertoni, Galuppi, dit Buranello, travaillaient aux opéras de Métastase, d'Apostolo Zeno et de Goldoni. Durante, dont les cantates sont encore très-estimées, formait le talent de Pergolèse, de Guglielmi, de Trajetta, de Piccini et de Sacchini. Le père Martini, l'un des plus grands théoriciens de l'Italie, donnait une savante *Histoire de la musique*. Leo se servait avec habileté du chromatique, et mettait dans ses compositions une majesté touchante, un ton pathétique et noble. Guglielmi se distinguait à son tour par l'expression et la vivacité de son chant ; Jomelli, par l'élévation et l'harmonie. Le fameux *Stabat*, si connu, assurait la réputation de Pergolèse, qui fut presque ignoré pendant sa vie. Piccini et Sacchini venaient apporter en France les trésors de leur mélodie ; le premier, trouvant dans la musique des ressources inconnues jusqu'à lui, produisait une admiration toujours renaissante par son profond savoir, la vigueur, la variété, la grâce et l'éclat de sa manière ; le second mettait dans ses ouvrages de la délicatesse, de la vérité, toute l'énergie du sentiment, et brillait par un chant heureux et d'ingénieux accompagnements.

Gluck, en même temps, donnait à l'Opéra des exemples sublimes de l'harmonie allemande, et par des combinaisons énergiques, fières et pleines de sentiment, il augmentait l'empire de la déclamation musicale.

Rameau avait succédé à Campra, et ce savant harmoniste réduisant la musique à des axiomes généraux, en avait établi tout le système sur le principe de la basse fondamentale ; doctrine que l'on a regardée depuis comme insuffisante, et que d'Alembert exposa dans un traité plus court et moins obscur que les ouvrages de Rameau, qui formèrent beaucoup d'élèves.

Mais les grâces du chant italien commençaient à se faire de nombreux partisans. Dès qu'on eut entendu les chefs-d'œuvres de Piccini et de Sacchini, on voulut suivre une route nouvelle ; les premiers écrivains du siècle se déclarèrent en faveur des méthodes de l'Italie ; Philidor, Desaides, Duni, J. J. Rousseau, Monsigny, des musiciens encore vivants, composèrent des ouvrages charmants qui emportèrent tous les suffrages, et il se fit en musique une révolution qui prouvera peut-être à la postérité que la France peut avoir dans cet art des succès incontestables et caractérisés.

L'histoire naturelle compta parmi ses observateurs, Geoffroy, qui publia celle des animaux, Valisnieri, Fabrice, Trembley, Reaumur, qui écrivirent sur les insectes; Reaumur, surtout, se distingua par la délicatesse et l'exactitude de ses observations; Erxleben, qui donna de bons mémoires sur les mammifères; Artedi, qui s'occupa des poissons; Pennant, Edward, Brisson, qui étudièrent les oiseaux.

Mais cette belle science était en même temps cultivée par Buffon, l'un des plus grands hommes du siècle, qui laissant loin de lui tous ses rivaux, porta, dans les matières qu'il traita, cette étendue de pénétration qui embrasse en un instant les plus vastes conceptions et les observations les plus minutieuses; cet esprit vigoureux qui mesure d'un coup d'œil l'ensemble et les détails. Il mit dans son style une noblesse, une fécondité, une élégance harmonieuse qu'aucun écrivain n'avait encore eue en traitant les sciences naturelles, et son éloquence parut donner un nouveau caractère à la langue française. En décrivant, en peignant les beautés de la nature, son immensité, ses accidents, ses irrégularités, les mœurs des animaux, il atteignit à la sublimité; et comme toute la pompe de son style, la richesse de ses expressions étaient nécessaires pour représenter dignement le vaste tableau qui se déroulait à ses yeux, c'est à tort qu'on lui a reproché de l'affectation et de l'emphase. On peut, avec plus de fondement, regretter qu'il n'ait pas toujours appuyé ses systèmes sur des bases assez raisonnées, et qu'il ait quelquefois négligé de s'assurer par lui-même de la réalité des faits qu'il a exposés. Mais si ses hypothèses sur la nature de l'univers sont plus brillantes que solides, Buffon n'en a pas moins la gloire d'avoir contribué, par la beauté de sa diction, à propager le goût de l'histoire naturelle, à en étendre les progrès, et c'est peut-être le premier écrivain du siècle.

Les observations microscopiques de Spallanzani sur les reproductions animales, portèrent de vives lumières dans la physiologie, et ce savant, qui travailla aussi à la géologie, qui s'occupa des volcans et des coquillages, des plus grands et des plus petits effets de la nature, qui mit une patience, une sagacité extraordinaires à les examiner, les décrivit avec un style plein d'élégance et de clarté.

On dut à d'Aubanton une excellente méthode sur la classification des minéraux. Dolomieu enrichit la science d'un grand nombre d'observations importantes sur les roches basaltiques, les produits des volcans, et recueillit, sur beaucoup d'autres points, des faits intéressans.

Rivinus essaya de simplifier la classification des plantes de Ray et Tournefort, en les distinguant seulement par un ou deux caractères choisis dans les phénomènes de la fructification ; mais sa méthode ne fit qu'augmenter la confusion qui existait déjà dans la botanique. Quelques observateurs, parmi lesquels on compte Micheli, Billen, Reaumur, présentèrent et accréditèrent l'idée fondamentale du système sexuel. Charles Von Linnée la trouva donc toute formée ; mais il aperçut les avantages qu'on en pouvait tirer, et il en fit la plus brillante application. Ce grand homme classa les

plantes suivant les organes de la génération. Il établit vingt-quatre classes d'après
le nombre des étamines, et les distingua
par les noms de monandrie, diandrie, trian-
drie, tétrandrie, etc. Il subdivisa ces classes
en ordres par des particularités dans les pis-
tils, forma environ treize cents genres établis sur des caractères principalement choisis dans ceux de la fructification, et il divisa les espèces par leurs diverses qualités
d'odeur, de couleur, de saveur, etc. Cette
méthode est extrêmement aisée, mais elle
forme une immense nomenclature, et cette
profusion de termes est quelquefois fatigante. Les dissertations de Linnée sur la
physiologie des plantes sont d'excellents
ouvrages. Sa classification des animaux a
le défaut de rapprocher des êtres qui, à la
première vue, ne paraissent avoir aucuns
traits de ressemblance.

Hill, Bancks, Solander, Gmelin, Kœmp-
fer, augmentèrent les collections publiques
de plantes de tous les climats, et firent
connaître leur nature et leurs propriétés.
Vaillant, Duhamel, Jacquin, Schmiedel,
Valmont de Bomare, Trew, Antoine et
Bernard de Jussieu, laissèrent le nom le

plus honorable par leurs savantes recherches et leurs écrits utiles.

Dufay cultiva la botanique avec succès,
et reconnut en physique les deux sortes
d'électricités que l'on nomme vitreuse et
résineuse. Francklin expliqua la nature des
aurores boréales par les phénomènes de
l'électricité ; il inventa les paratonnères, et
comme Prométhée, il ravit le feu du ciel.
Priestley réunit en un corps de doctrine,
toutes les découvertes que l'on avait faites
sur le fluide électrique. Galvani aperçut
les principaux effets du fluide auquel il
donna son nom, et qu'on a reconnu depuis n'être qu'une modification de l'électricité.

La science médicale repoussant les vains
systèmes et les opinions hasardées, voyait
chaque jour la réflexion et la méthode
présider aux ouvrages qui la perfection-
naient, et les fausses notions si long-temps
accueillies par la routine et la crédulité,
perdre rapidement de leur influence.

Haller tenait encore à la doctrine de
Boerhaave, qu'il étendit et qu'il appuya de
tout son génie et de son immense érudition ;
mais quelque précieuse que fût sa théorie, il

18ᵉ. siècle.

ART MÉDIC.

ne put persuader que des formules de mécanique suffisaient pour expliquer des êtres qui échappent, par leur organisation compliquée, à l'application des principes ordinaires du mouvement. Il rendit plus de services à la science, en écrivant ses *Eléments de Physiologie*, où il rassembla toutes les découvertes anatomiques faites avant lui, les classa, les discuta, les accompagna d'importantes observations. Cet ouvrage immense contient presque tout ce que l'on peut dire en anatomie et en physiologie ; il renferme une multitude de vérités, d'expériences certaines, de grandes idées ; mais aussi beaucoup d'opinions sans preuves, de vues erronées et de jugements prématurés : C'est une mine où tous les auteurs modernes ont pris des faits, des aperçus, ou des principes.

L'université de Montpellier essaya d'introduire en France la doctrine de Stahl, en la dépouillant de ce qu'elle avait de trop abstrait ou d'exagéré, et de son sein partirent des idées lumineuses qui éclairèrent sur les phénomènes de l'économie animale.

Les anatomistes présentèrent leurs vues avec plus d'ordre, d'exactitude, de précision, que ceux du siècle précédent ; ils apprirent à réunir, avec une sage critique, les découvertes éparses, et à tirer de leur comparaison des inductions satisfaisantes. Douglas démontra la structure du péritoine. Monro perfectionna la névrologie. Winslow, Cheselden, Leclerc publièrent des traités d'anatomie estimés. Hunter se distingua par la découverte et la classification des vaisseaux lymphatiques absorbants. Van Swieten, élève de Boerhaave, enrichit de commentaires les écrits de son maître. Pringle, Mead, Alberty, Bordeu, La Peyronie, Bertin, applanirent, par leurs travaux, de nombreuses difficultés. Milady Montagu rendit un service éminent à l'humanité, en introduisant, dans les états policés de l'Europe, l'inoculation de la petite-vérole. La découverte moderne des effets bienfaisants de la vaccine, paraît devoir bientôt détruire totalement le germe de cette affreuse maladie.

Sauvages, Cullen, Vogel, Sagar, écrivirent de savantes nosologies, que l'on a rectifiées de nos jours. Beaucoup de médecins imprimèrent des ouvrages sur toutes les parties de l'art médical, et de grandes vérités résultèrent de la divergence de leurs opinions et de leurs observations. La physiologie, qui comprend toutes les branches de la philosophie naturelle où l'on s'occupe de l'organisation des êtres vivants, qui s'attache spécialement à la connaissance des effets, des phénomènes de la vie, s'avança d'un pas ferme et rapide vers la perfection.

Les chimistes rassemblaient en même temps une masse considérable de faits et d'expériences, qui commençaient à jeter quelque jour sur la nature des corps. On reconnaissait la combustibilité du diamant. On distinguait les gaz méphitiques des mines. Les préparations pharmaceutiques, la métallurgie et la docimasie étaient soigneusement étudiées. On portait un examen profond dans l'analyse chimique des végétaux qui produisait de nouvelles combinaisons utiles aux arts. L'analyse animale était aussi l'objet des travaux des chimistes. Macquer, Vogel, Cartheuser, donnaient de savants traités sur cette matière.

On commença, vers le milieu du dix-huitième siècle, à s'occuper de l'examen des propriétés du gaz qui se dégage des

eaux minérales acidules. Black d'Edimbourg
et Mayer d'Osnabruck, en le reconnaissant,
lui assignèrent des dénominations diverses;
Black le nomma air fixe. Jacquin prouva
que cet air fixe était très différent de l'air
atmosphérique. Cavendish aperçut quelques-unes de ses propriétés, et découvrit
en même temps le gaz hydrogène ou inflammable, et le gaz acide muriatique. On
s'attacha de toutes parts à rechercher la
nature de ces produits aériformes. Priestley
imagina des appareils pour les soumettre
plus aisément aux expériences, et il publia bientôt un ouvrage sur les différentes
espèces de gaz. Pringle, Bergman, plusieurs chimistes célèbres, qui existent encore, multiplièrent les observations.

On travaillait en même temps sur les
acides. Bayen, Bergman, Priestley, Scheele,
Fontana, Macquer, retrouvaient divers
acides dans les minéraux et s'assuraient de
la formation de l'air vital dans les végétaux. Les faits, les découvertes s'accumu-
laient ; tous les chimistes et les physiciens
se livraient à ces recherches avec ardeur ;
une révolution se préparait dans la science :
ce fut le génie de Lavoisier qui la détermina.

18ᵉ. siècle.

Ce grand homme répéta, avec une extrême précision, les expériences que l'on avait déjà faites. Il changea le nom d'air fixe en celui de fluide élastique, rechercha tous les phénomènes qui résultent dans les corps de son dégagement ou de sa fixation; et après de longs et vastes travaux, il décrivit, dans une suite de mémoires aussi lumineux que profonds, toutes les propriétés de l'oxigène, le suivit dans une foule de composés différents; parvint à la décomposition et à la recomposition de l'eau, embrassa presque tous les objets qui constituent la chimie et fonda la doctrine pneumatique sur des principes incontestables.

On reconnut alors la nécessité d'une nomenclature. Les savants les plus illustres y travaillèrent, et elle fut telle qu'on devait l'attendre de la justesse de leur esprit, claire, méthodique, et d'un facile usage. Elle devint un des instruments les plus utiles de la science, et ne tarda pas à être adoptée dans toute l'Europe.

Nous ne pénétrerons pas dans les détails de l'art chimique qui, depuis la création de sa nomenclature, appartient tout entier

à l'époque où nous nous arrêtons. On sait
qu'il a porté dans la composition des corps
une lumière qu'on n'aurait osé espérer. Son
application à la minéralogie, à la pharmacie, à tous les arts, à toutes les parties de
la physique, a été suivie des résultats les
plus éclatants et les plus avantageux.

Le génie des lettres s'éteignait; il s'envola enfin avec Voltaire, J.-J. Rousseau et
Buffon. Une foule d'auteurs succédèrent à
ces grands hommes; aucun n'hérita de
leur talent, et ce n'étaient plus que de
faibles lueurs qui brillaient par intervalles.
L'abbé Barthelemy, cependant, mit au jour
l'*Histoire de la Grèce*, sous le titre de
Voyages du jeune Anacharsis, ouvrage
charmant, digne de l'école de Platon dont
il retrouva la touchante éloquence, digne
du siècle précédent. On fut effrayé du
nombre de traductions, d'extraits, de recueils, de compilations qui parurent presqu'à la fois, signe certain de la décadence
du génie; et les gens de lettres ne se sentant plus la force de s'élever à la création,
se bornèrent à rhabiller l'esprit des autres.

La révolution vint leur donner une
nouvelle direction, et fit craindre qu'après

les avoir égarés dans une route stérile et déserte, elle ne les ramenât de long-temps dans les champs inépuisables des arts et des sciences.

Mais à de trop longs jours de troubles et de désastres, un nouveau siècle et de nouvelles espérances ont succédé. Un monarque environné d'une gloire immense, après avoir fait triompher en tous lieux les armes de l'Etat, veut assurer à la France l'empire du génie comme celui de la valeur. Toujours égal à lui-même, il soumet l'opinion publique à l'heureuse fécondité de ses vues ; dans ses *Codes* immortels, il élève de vastes monuments qui préparent le bonheur de la posterité comme ils assurent celui de la génération présente ; et, de la même main dont il couronne les guerriers, il distribue des palmes au génie, aux sciences, aux beaux-arts, à tous les arts utiles.

Ainsi, toutes les parties qui constituent le génie de l'homme prennent un nouvel essor ; la peinture, la sculpture, l'architecture, inspirées par la grandeur des entreprises qu'on leur a confiées et l'honneur qui les attend, se proposent d'effacer la gloire des siècles écoulés ; les sciences exactes et naturelles se livrent avec ardeur à l'impulsion vigoureuse qui leur est imprimée ; l'érudition se console dans ses veilles en songeant au prix éclatant de ses travaux ; la poésie..... mais la France doit un Homère au dix-neuvième siècle : ses efforts ne seront pas impuissants.

Les jours brillants d'Athènes suivirent de près la bataille des Thermopyles et l'invasion de la Grèce ; le règne heureux d'Auguste touchait encore au temps des haines publiques et des proscriptions ; celui de Louis XIV commença au milieu des guerres de la Fronde. Ces rapprochements nous laissent un vaste espoir ; et nous permettent d'assurer d'avance au dix-neuvième siècle un rang élevé dans les périodes les plus célèbres.

FIN.

TABLE

DES PÉRIODES.

TOME TROISIÈME.

FIN DE LA TABLE DU TROISIÈME VOLUME.

www.ingramcontent.com/pod-product-compliance
Ingram Content Group UK Ltd.
Pitfield, Milton Keynes, MK11 3LW, UK
UKHW022208120726
13694UKWH00002B/467